ちくま新書

身体が生み出すクリエイティブ

諏訪正樹
Suwa Masaki

1307

身体が生み出すクリエイティブ【目次】

はじめに

「クリエイティブ」。なんと魅惑的な響きだろうか！　誰もがそうありたいと願う、知のありようである。「あなたの仕事、クリエイティブだったね」なんて言われたら、天にも昇る心地になる。

クリエイティブであるとは、どういうことか？　そうなるためにどんなマインドセットで事に臨めばよいのか？　数々の問いが、哲学や心理学をはじめ、認知科学、人工知能など、人の知能を解明せんとする学問分野で、昔から、リサーチ・クエスチョンとして取り上げられてきたが、いまだ謎に包まれたままである。

クリエイティブであるための方法（how）はわからないのに、私たちの身体は、ときどきクリエイティブなパフォーマンスをやってのけてしまう。また、クリエイティブなパフォーマンスに接すると、それを「クリエイティブだ」と見分けることができる。

実行力も見分ける力も持っているのに、それをやってのけるhowについての認識は持ち合わせていない。「クリエイティブである」という知は、まさに暗黙知である。

私も、クリエイティブの謎に惹かれ、自らそうありたいと願う者の一人である。日常に転がる事例を対象にして、クリエイティブという知の謎に風穴を開けたいと探究を続けてきた。暗黙知だけに探究は一筋縄ではいかないし、既存の研究方法論に縛られていては深く探究することはできない。クリエイティブに関わりそうだと直感するものごとは、まな板に載せて、私なりに包丁を入れてみたりしてきた。本書はそういう一研究者の思考回路を開示するものである。

本書では、クリエイティブな知の代表格として「お笑い」の例を数多く取りあげている。例えば、漫才における「ボケ」は、普通は想定しないものごとにパッと「跳ぶ」。しかし、その跳びを見せられると、誰もが「理解できる」という感覚を抱く。「そんな跳び方ができるなんて、目のつけかたが鋭いし、世の中を捉える視点が新しい！」。そう感心して人は笑うのだ。

お笑いだけではなく、アートやデザイン、研究開発、文学に至るまで、そして日常生活においても、目のつけどころが良くて新たな視点をもたらすことは、クリエイティブであることの必要条件である。

では、どのようにすれば、素晴らしい着眼を得て「跳ぶ」ことができるのだろうか？　この問いが本書の主題である。クリエイティブな所業には必ず「跳び」が存在するからといって、通常なら想定しないようなものごとへの「跳び」を画策するというマインドでは、クリエイティブな結果は生み出せないのではないか？　クリエイティブなパフォーマンスをやってのける人は、「どう跳ぼうか」と試行錯誤しているのではなくて、「跳ぶこと」はあくまでも結果なのではないかというのが、私の仮説である。

ではどうすればよいのか？　「これこれこうしさえすれば……」という、クリエイティブであるための黄金ルールはない。本書で重要視しているのは、「体感に耳を澄まし、それに向き合って、身体の発露として、臨機応変に対応すること」である。

「体感」とは、外界のものごとに遭遇したときに、体内で湧き起こる体性感覚や情動である、と大雑把に捉えてほしい。例えば、家の近くを散策しているときに、見慣れない急坂に遭遇したとしよう。何か惹かれる。違和感のような引っ掛かりも覚える。とにかく上ってみることにとする。何らかの「着眼」が始まっているのかもしれないが、まだ漠としている。一歩一歩地面を踏みしめて上っているとき、路面の状態や坂の勾配に応じて、足の裏や足腰に体内感覚が生じるだろう。坂道に覆いかぶさる樹々の向こうに、急に思いがけない風景が広がってきたとしたら、ピコン！　と何かが弾けるような感覚や情動が湧き起こるかもしれない。

まだことばにはならない、しかしもう少しでなりかけの、体内感覚や情動みたいなものごとが、生活のあちらこちらで生まれては消えている。そういった体感に耳を澄ませて向き合ってみると、自ずと身体は反応し、自分ならではの「着眼」が生まれ、身体の発露として「跳び」がもたらされるのではないか。それがクリエイティブであることの源泉ではないかという仮説を、本書ではいくつかの事例で述べることになる。

本書のもう一つの話題は、現在ブームを迎えている人工知能（ＡＩ）についてである。コンピュータが大量のデータから自動的に学習するアルゴリズムの開発をきっかけに、研究開発と社会応用が隆盛を極め、ＡＩロボットやソフトウェア上の人工頭脳が、近い将来人知を超えるかもしれないとまで主張する研究者もいる。ロボットと人間が共生する未来像も語られはじめている。

しかし私は、この語られ方に一抹の違和感を覚えている。本書に登場する「臨機応変」、「着眼」、「想定外」、「跳ぶ」、「体感に向き合う」、「身体の発露」といったキーワードの根底に流れるのは、「身体」と「自己」である。ロボティクス研究は、過去二〇年多くの成果をあげてきたが、言葉や感情が宿る基盤としての「身体」への知見はまだ得られていない。ましてや、「自己」が備わるようにプログラミングする手法は、未解明である。

そもそも、基本動作原理や知識を「プログラミング」するということと、臨機応変に着眼して想定外のものごとに跳ぶことは、本質的に相容れないようにも思える。つまり、ＡＩロボットもしくは人工頭脳が、私たち人間から見ても「クリエイティブだな」と思えるようになるための道のりは、まだ随分遠いのだ。

私の違和感は、ＡＩと人が共生するためには、少なからずＡＩがクリエイティブであることが必要条件ではないか、という想いから発している。私たち人間の生活がより便利に豊かになるためにＡＩが支援してくれることと、ＡＩと人が共生することは異なる。どちらの未来を目指すのがよいかは、これから市民を巻き込んで大いに議論すればよい。その議論において重要なのが、「クリエイティブ」という観点だと思うのだ。

何よりも私たち自身がもっとクリエイティブになるために、そして、人間とＡＩの共生という未来像を喧々諤々に議論するためにも、今、「クリエイティブであること」についての研究は、重要性を増している。

本書は、身体の観点から「クリエイティブ」を見たときにどんなランドスケープが見えるかを綴ったものである。クリエイティブであるという知の姿に、今以上に光を当てるきっかけにならんことを祈る。

第1章　「クリエイティブ」とはどういうことだろう

†「柔軟であれ」、「臨機応変であれ」と言われても

「クリエイティブ」。創造的であること。古今東西、老若男女を問わず、多くの人がそうありたいと願う。

クリエイティブであるためには、「思考が柔軟」でなくてはならない。「臨機応変にものごとに対処」できなくてはならない。学生も社会人も、みな、耳にタコができるくらい、そういったフレーズを聞いてきたに違いない。上司として部下に、教師として学生に、そうアドバイスをしたこともあろう。

しかし、どうすれば柔軟になれるのか、臨機応変にものごとに対処できるのか？　誰もが、いく度となく、うまくいかないで頭を悩ませてきたはずである。

そう、それは一筋縄ではいかない難しいことであり、多くの人が悩むのは当然である。実は、心理学、認知科学、人工知能（ＡＩ）などの学問においても、昔から少なからぬ研究者が興味を抱き探究してきたにもかかわらず、あまり解明が進んでいない分野の一つなのだ。

柔軟であり、臨機応変であるためには、どう思考回路を組み、働かせればよいか？　日頃の生活態度から改めるとしたら、どう改めるのか？　そういうハウツーものの書を読んで、「ふむふむ」とわかった気になって考えてみたり、ものごとに対処したりしても、結果は芳しくなるものではない。

ハウツーものによくあるパターンは、「これこれこうすれば、柔軟に、臨機応変に振る舞えます」といった黄金ルールである。しかし、考えてみればすぐわかるように、「そうか、これさえ実行すればよいのか！」とそのルールに縛られていては、柔軟さからは程遠くなる。臨機応変さとは、場の状況を察知してテキパキと対処することである。黄金ルールに絡めとられていると、場の状況に目を配ったり、素早く反応したりできない。

柔軟さや臨機応変さは、ルールを頭の中に叩き込んで考えたり対処したりする、という行動原理から生まれるものではないのだ。

†臨機応変のメカニズムは未解明

この本を書きはじめた頃、折しも、人工知能（AI）を搭載した自動運転の車によるアメリカでの事故が新聞で報道された。人を乗せていない実験車だったことが幸いしたのだが、事故の原因は、人の運転する車との道の譲り合いに失敗したということらしい。いわゆる「あうんの呼吸」という、上手な運転者ならば自然に身につけている、間合いをはかる知能が自動運転車にはまだ備わっていないのだ。

「あうんの呼吸」は人の知の姿の最たるものだが、現時点では学問的な解明からは程遠い[1]。運転がうまい人は、道路状況、路面状態を把握し、周りの車の運転者の意図まで推測し、自分が先に行くときには「先に行くぞ」と解釈できる動きを示し、臨機応変に自らの車を駆る。それが「あうんの呼吸」である。

ある一本道の一部で、五〇メートルくらいが一台しか通れない隘路になっているとしよう。私の車が先に隘路に入った場合、向こうから入ろうとしている車よりも、私に優先権がある。相手の車は隘路の手前で一時停止し、私の車が走り抜けるのを待ってから、おもむろに入るべきである。両者がその意識で一致していれば問題はない。しかし、隘路を進みはじめている私の車を全くウォッチせず、そのまま突っ込んでくるひどい運転者も時にはいる。当然、二台とも隘路の中で立ち往生してしまう。通常であれば、優先権は私にあるので、窓から手を出して相手の車に「バックしてください」という合図を送るだろう。

しかし、もし、相手の後ろに続々と車が連なり、私の後ろに続く車がない状況であれば、優先権を犠牲にしても私がバックするのが臨機応変な対処である。相手の後続車には、陰になって私の車が見えていないとするならば、一台目に続いて隘路に入ったことを責めるのは酷というものだ。一台目の運転者に配慮が足りないからといって、「優先権はこちらにある！」として私が譲らない（バックしない）としたら、ルールに縛られて臨機応変さに欠けた運転態度であろう。

様々な道路状況をあらかじめ列挙して、コンピュータに対処ルールを教えておけば、自動運転車も臨機応変に対処できるのではないか？　と思う方もいるかもしれない。しかし、現実にはとても難しい問題である。先に書いた通り、道路状況、路面状態、周りの車の運転者の意図など、配慮すべきことはかなり多い。実験室ならばともかく、現実世界では何が起こるかわからないので、配慮すべきことは無限にありえる。その全てを考慮し、あらかじめ様々な状況認

1　日本認知科学会では、二〇一四年に「間合い―時空間インタラクション」という研究分科会が立ち上げられた。「あうんの呼吸」という類の賢さとはどのような知なのかについては、研究が始まったばかりである。

識のやり方と対処法を列挙して自動運転車に組み込んでおくことは、不可能に近いのである。

後の章で詳しく解説するが、これは人工知能や認知科学分野で「フレーム問題」と呼ばれる哲学的問題である。一九七〇年代に指摘されて以来解決されず、およそ五〇年もの間、コンピュータに知能を持たせる研究にとって大きな障壁のままである。

つまり、ここでのポイントは、我々人間自身が、柔軟な思考や臨機応変なる行動のメカニズムを自覚していないということである。クリエイティブな行動を身体で自然にやってのけているのだけれど、どうやって成し遂げているのかがわからないのだ。だからこそ、クリエイティブであることは、今も謎に包まれた聖域として、多くの人の憧憬の的である。そのための教育カリキュラムを用意することもできない。

†クリエイティブは日常生活に溢れる

クリエイティブであるとはどういうことかについて、研究が進んでいないのはなぜだろうか？　その一つの理由として私が挙げたいのは、クリエイティブは一部の優秀な人（例えば歴史上の偉人）や、プロフェッショナルだけの特殊能力であるという見方が一般的であることである。偉人やプロフェッショナルだけの知であるとすると、メカニズムを探るためのデータ収集がほぼ不可能になる。

私が抱くクリエイティブの像は、その一般的な見方とは異なる。偉人やプロフェッショナルたちの聖域ではなく、ごく普通の人が多かれ少なかれクリエイティブであると私は考えている。人は誰もが、日常生活で、柔軟な思考や臨機応変な行動を「ふと何気なく」繰り出しているのだ。

日常の会話を例に挙げてみる。会話は言葉だけで成り立つのではない。頷《うなず》き、ジェスチャー、表情、身体の姿勢など、言葉ではない身体の細々とした所作が会話の円滑な進行を支えたり、言葉では表現できないことを伝えたりしている。話の内容を理解したときには、意識せずとも頷いてしまう。頷きは、聞き手が理解したことを自認する行為であると同時に、どれくらい理解しているかを話し手に伝え返す行為でもある。理解ができないときには、首を傾げたり眉をひそめたりする。話し手はそれを見て、理解できる話し方に変える。

ラーメン屋のカウンターで二人が横並びに座り、一人がもう一人に悩みごとを相談している状況を考えよう[2]。ラーメンは早く食べないとのびて不味くなるからといって、聞き手として普通なら示すであろう様々な所作や反応をせず、内容は聞いているがラーメンを食べることに夢

2　私の研究室の学生が卒論で研究した事例［伊達 2016、2017］である。

中になったとすると，話し手は不満に思うはずである。

箸で麺をまさに持ち上げようとしたその瞬間、それまで不明瞭だった箇所の理解が急に進めば、理解を示すために頷いたり、話し手の方に顔を向けたりする。そして麺を口に運ぶのは一旦中止する。もしその瞬間、それまでの話とは繋がらない不明な言葉が発せられたとしたら、「理解してないよ」と示すために首を傾げたり、麺を口に運ぶために前傾していた姿勢を起こして視線を中空に泳がせたりする。この場合も、麺は食べないことになる。

会話において、身体は中心的な役割を担っているのだ。頭で理解・計画するのではなく、身体が中心的な役割を担って発揮される知のことを「身体知」という。私は三〇年に及ぶ研究生活の中で、クリエイティブであること、及び柔軟で臨機応変であることの礎になっているのは、物理的な身体の存在ではないかという仮説を得てきた。クリエイティブであることは、「身体知」を持っていることではないかと思う。

この例に見られるように、身体の即興的な対応は、実に臨機応変である。のびると不味くなるので早く麺を食べたいという欲求はありつつも、話の状況に応じて、敢えて麺を口に運ぶことを遅らせたり、スープの中に戻したりする。横並びか対面かによっても、対応は異なるだろう。のびやすいラーメンを食べているときと、ピザを食べているときでも異なる。

話の内容、場所や状況、何を飲食しているか、二人のそれまでの関係、相手の人間性についての理解など、車の運転の例と同様に、関係しそうなものごとは無限にある。その中から適切なものごとだけに着眼し[3]、適切な身体所作を繰り出すという臨機応変さは、その場の状況に応じたクリエイティブ以外の何物でもない。

なかには、理解していてもほとんどうなずかなかったり、理解できない時も首を傾げるなどの動作を表さない人もいる。そういった人を相手に話をすることはとても辛い。うなずくにしてもタイミングが妙に早いと、「本当に私の話をきちんと聞いているのだろうか?」と疑心暗鬼に駆られる。多くの人ができているものの、うまくできない人もいるということは、コミュニケーションにおける即応的な身体動作は、クリエイティブな知であるといってよいだろう。

クリエイティブとは、偉人やプロフェッショナルだけの特殊能力ではなく、日常生活に潜在する身体知であるという見方を持つならば、データ収集は遥かに簡単になり、また研究の仕方も大いに変わる。私は、日常生活がクリエイティブな知の宝庫であるという思想の下で、様々な生活行為をクリエイティブの事例と捉えて研究してきた。

本書では、日常生活での様々な事例を列挙することを通して、読者のみなさまに、人は誰し

---

3 「着眼」こそがクリエイティブの根源的行為だと思っている。これについては後の章で詳しく述べる。

もクリエイティブなことを何気なく成し遂げているのだという自覚を促したい。そして、クリエイティブであるということを不必要に神格化、謎化せず、「自分の身体が感じていることと向き合う」という姿勢で世のものごとを見直してみることで、自分なりのクリエイティブを醸成できると説きたい。

†インキュベーション──孵化するようにアイディアが育つ

クリエイティブにまつわる、過去の心理学研究を見てみよう。

まずは、グラハム・ワラス（Graham Wallas）の四段階理論を挙げねばならない。ワラスは、数学者のポアンカレや科学的発見をした偉人たちの自伝をひもといた結果、クリエイティブなプロセスには四つの段階があるという説を唱えた［Weisberg 1993］。

第一段階として、準備（preparation）というフェーズを挙げている。長い期間、根を詰めて、役に立ちそうなものごとや材料、そして重要なアイディアをあれやこれやと意識的に試し、失敗しては考え直すというフェーズである。ここで、様々な問題点が顕在化する。

第二段階は、孵化（incubation）というフェーズである。根を詰めて考え続けると疲れてしまうので、一旦脇に置くのである。ポアンカレがある数学的発見に遭遇する前に旅に出ていたことに、ワラスは着目している。別のことに没頭することによって、意識的な思考から解放され、それまでの思考をいわば無意識下に置くことになる。無意識下に置くことで、ふつふつと何かが進行するプロセスが生じるというわけである。このフェーズを卵が孵化することに見立てて、孵化と呼んでいる。

第三段階が、閃き（illumination）である。孵化を経て、ある日突如、閃きが起こる。準備の段階で様々なものごとを根を詰めて考えてきたからこそ、無意識下で何かが作用し、それが閃きにつながるという考え方である。根を詰めて考えるフェーズがそもそもないと、孵化しても何も生じない。

そして、最後が検証（verification）である。閃きを検証し、最終形に落とし込むフェーズである。ポアンカレの例で言えば、数学的証明をきちんと書き下すことに相当する。

この四段階理論に対して、私は「ある種の説得力はある」と思っている。職業柄、文章を書くことが多い。論文、解説記事、書籍など、たいてい書き始めは筆が進まないものである。かといって、何をどう書こうか考える努力を怠っているわけではない。事実は真逆で、文章の論理的構造や展開を練ったり、題材や証拠事例をあれやこれやと引っ張り出したり、かなり一生懸命考えているのだ。でも、形としてはちゃんとした文章として表現できない（筆が進まない）のである。まさに、ワラスの第一段階である。

そして、「まあ、いいか」と関係ない小説を読みはじめたり、遊んだりする。「根を詰めたらパンクしてしまうよ」などと自分を慰めながら。そうこうしていると、不思議なことに、ある日突然、鍵となるようなフレーズや概念が舞い降りてくる。「舞い降りてくる」としか表現できない感覚がある。

この瞬間を逃さなければ、それまでの苦労が嘘のようにすらすらと筆が進みだす。「舞い降りる」のは、車を運転しているとき、風呂に入っているとき、全く関係なさそうな本の中に何か興味をひかれる文言を発見したとき（実は、本人が興味があるわけだから、関係ないことはないのだけれど）だったり、様々である。

孵化のプロセスを経て、閃きのフェーズに入ったと解釈すれば合点が行く。テレビの刑事ドラマを見ていても、主人公の刑事が、第三者の何気ない一言をふと拾って、犯人にたどり着くための閃きを得るという筋書きによく出くわす（何気ない一言の拾い方や閃きの演出は、見ていて苦笑したくなるようなものが多いが）。「準備」で一生懸命考えているからこそ、「閃き」が生じるという説にも納得がいく。

しかし、四段階理論は、孵化という無意識下のプロセスに全てを預けた感が否めず、クリエイティブであることを神格化、謎化する傾向がある。私はそれが大いに不満である。先に引用したワイスバーグの本のタイトル〝Creativity-beyond the myths of Genius〟（『創造性の研究——つくられた天才神話』）も、神格化とは逆の方向に研究を進めたいという意図を示すものだ。

無意識下で何かがふつふつと進行しアイディアの種が形成されているのか、別のことに没頭して一旦意識を解放することに意味があるのかについては、真相ははっきりしない。後の章で、デザイナーは手描きでスケッチすることを通してクリエイティブなアイディアを手に入れるという研究を紹介するが、そこで、孵化と閃きにまつわる私の仮説を述べることにする。

†メンタルリープ——発想とは枠を外して飛躍すること

常識的な枠にとらわれず飛躍することが大事なのは、日常感覚としてよくわかる。「考え方が硬いんだよ、もっと柔らかく!」と誰かにアドバイスされたとしたら、注意を向けるものごとや、そのものごとを見る視点、そして論理構成や参考にする知識・情報が常に固定しているのではないかと指摘されているのだ。固定した枠や常識的な観点を取り払って、その外に飛び出ることが求められている。心理学では、そういった意味で飛躍する行為を「メンタルリープ」と呼んでいる。

メンタルリープの概念を説くのに昔から用いられてきた有名な例、「チャーリー問題」を紹介しよう。ある事件について以下のような記述を読み、その事件の顚末を想像せよという問題である。

「チャーリー問題」
ダンは、ある夜いつものように仕事を終えて帰宅しました。ドアを開けリビングに入ると、床にチャーリーが死んでいるのを見つけました。床には、水とガラスの欠片が少しありました。トムも部屋にいました。ダンはこの光景をちらっと見ただけで、事の次第がわかりました。チャーリーは、どのように死んだのでしょうか?

「事の次第がわかりました」とは、なんと冷静なことか! 自分の家で人が死んでいたんでしょう? それに「トムも部屋にいた」の? 人が死んでいるのに知らせもせずに、トムは何をしていたの? 常識的にはそんな疑問が渦巻いて理解できないが、ダンが平然としているその理由を(事件の顚末を)想像しなさいという問題である。

「自分の家で人が死んでいる」と書いたが、死んでいるのは人だと思ってしまうのが、まさに、常識に囚われた固定的な見方なのである。チャーリー、ダン、トムという名前を見て無意識に「人」と思い込んでしまう。その固定枠をとり払ったときに、面白いメンタルリープができる。

この問題の典型的な答えの一つは、「ダンは人間だけれど、チャーリーはダンが飼っている金魚、トムはダンが飼っている猫」というものである。ダンがそういう名前をつけている。猫が金魚鉢をひっくり返し、鉢が割れて、金魚は床に放置され、死んでしまった。床に水とガラスの欠片（割れた鉢）が散らばっているのはそのせいである。トムは猫だから、金魚が死んでも、ダンに知らせることはなく、ただ部屋にいる。それが事件らしきことの真相であるという解釈である。

†良い発想は枠の外し方すら新しい

大学の授業で、私はよく「チャーリー問題」を紹介する。そして、上記の典型的な答えはすぐ開示し、「さて、これとは異なる別の解答を考えなさい。面白いのを考えてね！」と、グループディスカッションをさせる。リープの例を示されてから、別のリープを考案するのは非常に難しいものである。典型的な解答は、「人」という枠を外すことである。そのリープに「なるほど」と思ってしまったら最後、それに縛られて、別種類のリープを編み出すのが難しくなるのだ。

案の定、「実は人ではなかった」という類の枠の外し方に終始する解答がたくさん出される。学生たちも、「リープの仕方がマンネリだな」と感じてはいても、斬新なリープを思いつけない。

これまでに学生が出した解答の中で、面白いと思うものを二つ紹介する。

一つ目は、チャーリーがダンのパソコンの名前で、トムはダンの息子であるという設定である。チャーリーが人ではなくて、パソコンの名前であるというのは、金魚の場合と同じ、実は人ではなかったというリープに過ぎない。愛用のパソコンに名前をつけることも人はするであろう。面白いのは、以下に示す解釈である。

パソコンのそばに花を生けた花瓶があり、お父さんのいない間に息子のトムがそれを倒してしまった。花瓶の水がパソコンにぶちまけられ、パソコンが機能不全になった。そのことを「死んでしまった」と表現している。パソコンが「お亡くなりになった」という比喩表現も十分理解できる。床のガラスの欠片は、花瓶が割れたものである。トムは部屋にいたが、ダンの仕事先に連絡する勇気がなく、もしくは連絡手段を持っていなくて、ただお父さんの帰りを待っていた（したがって部屋にいた）。そういう解答である。「お父さん、ごめんね。僕えらいことをしてしまった」と、ダンの顔を見てトムは謝っただろうか。

問題に与えられた設定を見事に使い切り、すべての解釈に無理がない。発想（メンタルリープ）とはそういうものである。文章の様々な表現に、私たちは無意識に解釈を与えながら読むものだ。無意識だからこそ、その多くは固定的になりがちで、その枠から飛躍し難くなる。

しかし、「一旦その枠を取り払って、全く別の解釈をもたせたとしても不自然さがなく、常識的に理解できる」というのが発想の本質なのである。新しく加えた解釈が常軌を逸したものであったとしたら、良い発想とは言い難い。新しく加わった解釈が強引なものに映ると、その発想は違和感があるとして高評価は得られない。

さて、もう一つの面白い解答を紹介しよう。これは枠の外し方、飛躍の仕方が全く異なる。

ダンが家に帰ると、息子のトムがテレビを見ていた。「お帰りなさい」とトム。息子が見ていたのはサスペンスドラマで、ちょうど人が殺されたシーンであった。被害者がチャーリー。テレビの中のシーンには床に水とガラスの欠片が転がっていて、なぜそういう遺物が残されているのか、まだ種明かしはされていない。トムはテレビっ子であり、特にサスペンスものが大好きである。ダンはそれほど関心がないが、息子がまたサスペンスを見ているという「事の次第がわかった」のである。

まず劇中劇のシーンであるということが、ダンの家の中ですべてのことが起きているという枠から飛躍していて素晴らしい。さらに、「事の次第がわかった」という表現は、必ずしも「なぜ人が死んでいるか」に対してダンが理解できたという意味だとは限らないという解釈をしたことが、常識的な理解の枠をうまく飛び越えている。

メンタルリープの概念が示唆することは、私たちが行う「解釈」という認知行為は私たち自身をある固定枠にはめ込んでしまうという点である。世界で遭遇する様々なものごとに「解釈」を行うからこそ、私たちは生きることができる。解釈を行わないと生きられない（生き方が無味乾燥になる）にもかかわらず、解釈という行為はややもすると私たちを固定枠に縛りつけてしまうというジレンマがある。

もう一つの教訓は、一つの事象に対する、常識に照らして不自然ではない解釈は、多数あり得るということだ。現在の解釈以外にも、同じように自然な解釈はいくつでもある。人がみな同じ解釈をしているとは限らない。

†補助線を引くということ——見えていない要素を足す

チャーリー問題の解答で、「テレビがついていて、殺されたのは登場人物だった」とか、「息子のトムはサスペンスものが好きであり、ダンはトムがまた見ていると事の次第がわかった」という解釈は、問題の設定にはなく、解答者が足した要素である。与えられた問題設定だけでは完全な理解には達しないので、それらと矛盾しない新しい解釈を足すと、理解に値する物語が完成する。この行為をより比喩的に表現するならば、「補助線を引く」ことであろう。

「補助線を引く」という文字通りの行為は、多くの人が中学生の頃、初等幾何学の証明問題で経験している。図1-1の図形を見てほしい。条件がいくつか与えられていて、あるゴール（例えば、角CDEと角BAEが等しい角度であること）を数学的に証明せよという問題である。一般に「補助線問題」と呼ばれる。幾何の証明問題が得意な学生は、いとも簡単にパッと

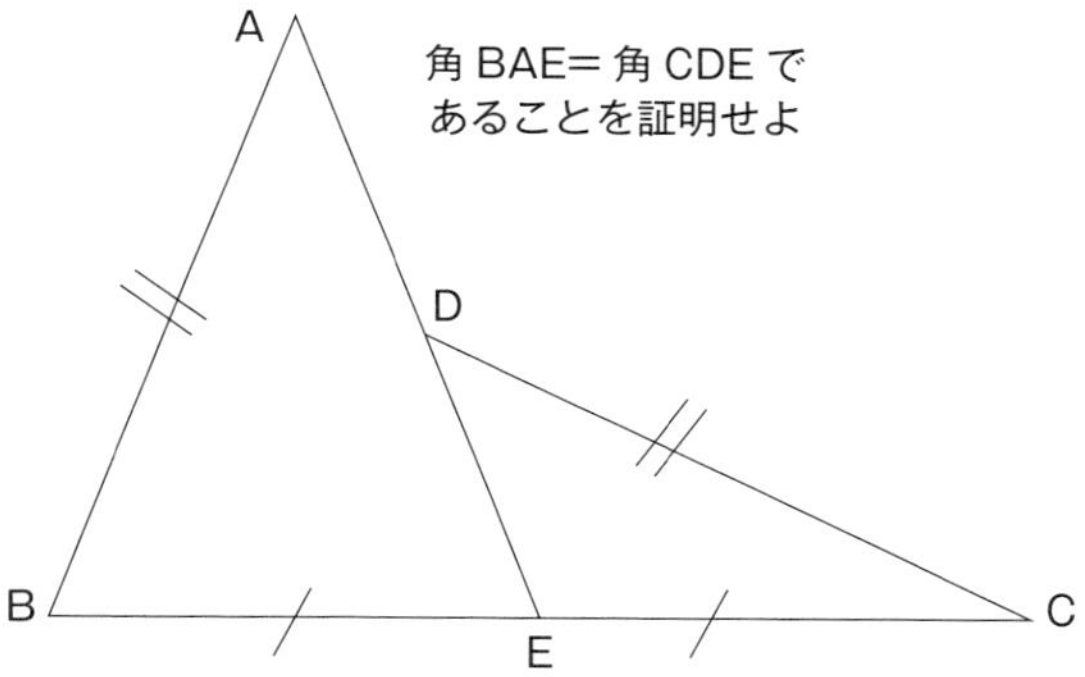

図1－1　補助線問題

適切な補助線を思いつく（例えば、図1-2の補助線）。初心者から見れば、その発想はクリエイティブに映るだろう。

私が人工知能の勉強をはじめた頃、「発想」という現象に興味があって取り組んだ例題がまさに補助線問題だった。人は適切な補助線をどう発想できるのだろうか、どうやってその発想の仕方を学ぶのだろうかという問いから、私の研究人生は始まった。

この研究で私がたどり着いた仮説は、以下のものだった。熟練者は、図1-3（32ページ参照）のような幾何学における意味のある基本的図形の塊（以後、「図形塊」と呼ぶ）をいくつも記憶に保持している。問題を見て補助線を引かないと証明しようがないなと感じた時、問題で与えられた条件に触発されて、その条件を部分的に含むような図形塊を想起するのだ［諏訪 1989］。

例えば、図1-1の問題の場合、私なら、Eが線分B

Cの中点であることに着目し、中点という情報を部分として含むような図形塊を思い浮かべるだろう。例えば、図1-3の図形塊（1）を想起し、思い浮かべた図形塊を図1-1の問題図形に重ね合わせると、図形塊にはあって問題図形にはない線が、図1-2の点線のように脳裏に浮かぶ。こうやって補助線がパッと見えるのではないか、という仮説を立てたのだ。

問題図形の辺ABと、Eを中点とする線分BCの部分に図形塊（1）を重ねると、新しい点Fと新しい辺CF、辺EFをつくりたくなる。Fの位置は、図形塊の性質から、線分AEを、AEと同じ長さだけ延長した位置になる（補助線(a)）。

一方、問題図形の辺CDと、Eを中点とする線分BCの部分に図形塊（1）を重ねると、Fの位置は、線分DEを、DEと同じ長さだけ延長した位置になって、別の補助線が見えてくる（補助線(b)）。

このように、自分が記憶している図形塊で、部分的に問題図形に重ねることのできるものを全て当てはめると、多種多様な補助線を引くことができる。このメカニズムで引ける補助線の全てが有効であるとは限らないが、図1-2の二つはいずれも、問題の証明に役立つ「良い補助線」である。

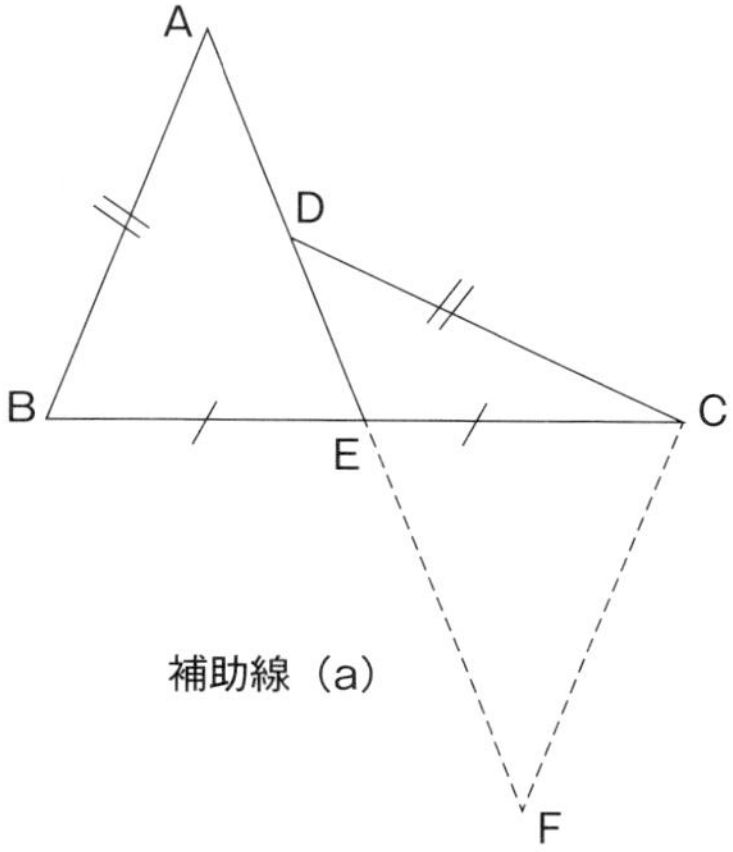

補助線（a）

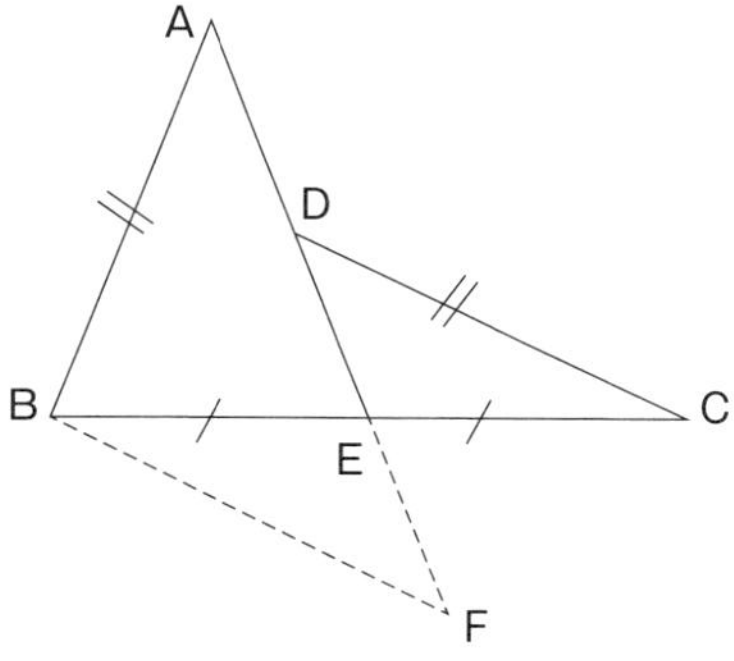

補助線（b）

図1－2　補助線の例　（(a)と(b)）

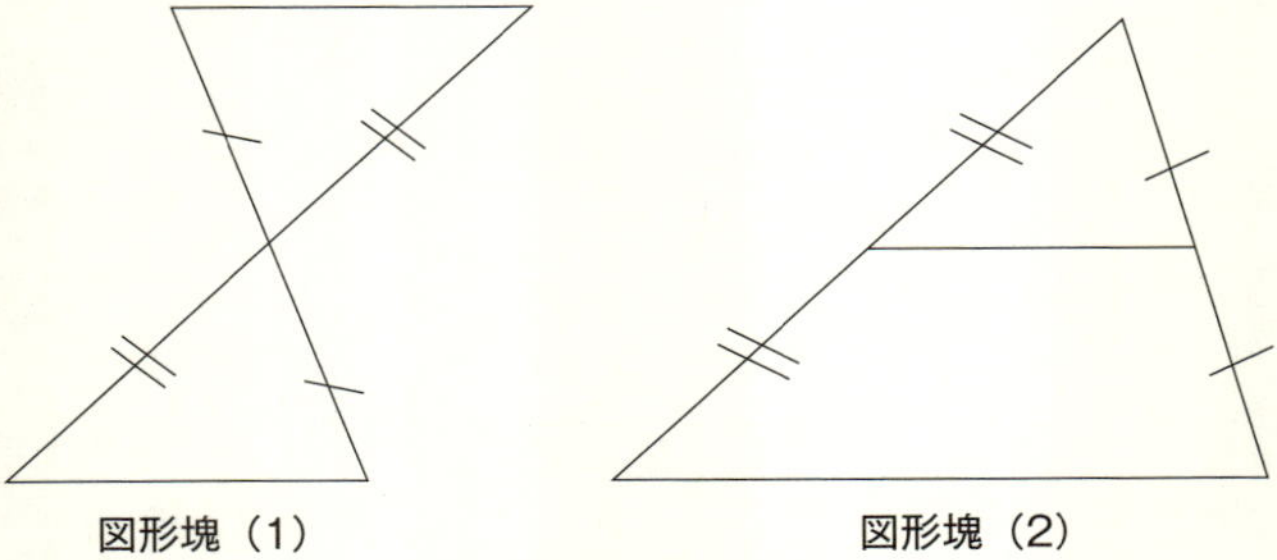

図1－3　図形塊の一例

†「図形塊」をどのように学ぶのか

この仮説をもとに私は、与えられた問題に対して補助線を引く人工知能プログラムを制作し［諏訪 1989］、ときには変な線を引くものの、とにかく補助線を引くことができるコンピュータを実現した。

図形塊とは、複数の幾何学定理が同時に適用できる（すなわち、様々な「特別の性質」を有する）特殊図形のことである。図1-2の（a）の場合、EはAFの中点でもあり、BCの中点でもある。そうすると、「二辺とその間の角度が等しい二つの三角形は合同である」という定理がこの図形に適用できる。ということは、「合同な二つの三角形の対応辺や角度は等しい」という定理も適用できる。

そして、この図形塊は、角EABと角EFC、角EBAと角ECF、辺ABと辺FCはそれぞれ等しいという性質を有することになる。「二つの直線に一つの直線が斜めに交わるとき、二つの直線の各々と斜めの線の間にできあがる錯角がもし等しければ、最初の二つの直線は平行である」という定理も適用でき、すなわち、ABとCFは平行であるという性質もこの図形塊は有する。

概して言えば、この図形塊は、合同な二つの三角形がある点を共有し、ちょうど一八〇度分逆さまに（その共有点を中心にして互いに一八〇度回転した位置に）くっついてできた図形である。ちなみに図1-3（2）の図形塊は「中点連結定理」が成立する図形である。そもそも初等幾何学の証明問題とは、幾何学の基本定理を次から次へと適用し、あるゴールを証明するという問題なので、問題を証明し終わった人には、問題図形のあちらこちらに、基本定理により導出される「特別の性質」が見えているものである。

様々な補助線問題を解くごとに、そういった「特別の性質」に意識を留めていれば、ひんぱんに遭遇する部分図形がいくつかあることに気づく。そうやって、図1-3に列挙した類の図形塊が次第に熟練者の記憶に蓄積されてくるのではないかと、私は考えたのだった。

このように、「補助線を引く」とは、図形塊という専門知識を持っていて、適切な時に適切な図形塊を想起するという行為であると仮定すれば、クリエイティブに見える知の姿も神格化するほど謎めいたものではない気もしてくる。だからと言って、クリエイティブな知は解明に近づいたなどと豪語する気は毛頭ない。

なにせ解明しなければならない問題は山積みなのだ。例えば、図形塊のような専門知識を経験の中からどう学ぶのかについて、解明する必要があろう。[4] また、図形塊を適用するという考え方が、初等幾何学以外の、より一般的な問題（例えば、チャーリー問題で面白い発想を繰り出すこと）にも適用できるかどうかも探究したいものである。

さらに、一般的な問題に拡張したときのハードルは、人がどうやって「適切なときに適切なパターン（図形塊に相当するもの）を想起する」のかについて仮説を立てねばならないことであろう。結果的に適切だとわかるものごとに、どうやって「着眼」できるのかということだ。本書の一つのキーワードは「着眼」であり、後の章で繰り返し論じることになる。

✝発想力が問われる「大喜利」

私は、授業でよく「お笑い」を題材として取りあげる。「お笑い」は、クリエイティブの本質である「臨機応変に着眼する」ことの最たるものだと思うからである。なかでも、大喜利は発想力が問われる一種のゲームである。

『IPPONグランプリ』という番組で実際にあった大喜利ネタを紹介しよう。お笑い芸人の解答に対して、観客の多数が投票すると（合格ラインを超えると）『一本！（IPPON）』と判定される。各ブロック五名の芸人が次から次へと解答を提示し、時間制限が来たところでIPPON数が最も多い芸人がそのブロックの優勝者となる。そして、各ブロックの優勝者で決戦を行う。お笑い芸人たちが自らの力量を示す絶好のチャンスと真剣に臨む姿が、視聴者にはたまらない。

ここでは、「このかるたの読み札を教えてください」という定番のお題を取りあげたい。図1-4は、二〇一三年五月二五日放映の絵札で、マッチ売りの少女のような絵が描かれた、「か」の絵札の、面白い読み方を考案するというお題である。

この時に、IPPONを勝ちとった解答を二つ紹介する。

●「考えろ！　ここから天下を取る方法」（おぎやはぎの小木さん）

●「悲しい落語でごめんなさい」（ネプチューンの堀内健さん）

大喜利では、普通なら縛られてしまいそうな枠や常識のたがを外して、飛び越えることが求められる。このかるたの場合、マッチ売りの少女のシーンであることが誰にでもわかり、つい、そのことが固定枠になってしまう。「寒い冬の夜」「かわいそう」「貧乏」「けなげ」などの感情に縛られて、枠を飛び越えることができない。

4　これは、まさにいま大流行のディープラーニングという機械学習アルゴリズムが使える問題かもしれない。ただし、問題自体を記述する言語体系（着眼している変数の集合）を超えたパタン（図形塊に相当するもの）は学べない。これについては、「フレーム問題」と呼ばれる概念とともに、第7章で論じることにする。

図1－4　大喜利――「マッチ売りの少女」の読み札を考案する

IPPONをとった解答はいずれも、クリエイティブで感心させられる。「マッチ売りの少女」で喚起されがちな固定枠や常識的なものの見方を、軽々と飛び越えているのだ。小木さんの解答は、「かわいそう」「貧乏」といった現状のマッチ売りの少女に留まらず、実は、心の中は「ぎらぎらと野心に燃えている」のだと主張する。見かけと野心の対照の凄さに思わず笑ってしまう。そんな真逆の世界への飛躍が、現実にはあり得ないことではないと感じるからこそ、この解答はクリエイティブである。

堀内健さんの解答が、私には最高に思えてならない。もはや、マッチ売りの少女ではないのだ。悲しい少女の役を演じている落語だったというわけだ。チャーリー問題で紹介した解答と同じく、劇中劇である。クリスマスだろうか、向こうに見える父子は家路を急いでいる。街や人の心はクリスマスで華やいでいるのに、「マッチ売りの少女みたいな悲しく切ない演目で、ごめんなさい」と演者がつぶやく。そうつぶやかせる堀内さんの柔軟さはクリエイティブそのものである。この演者自身も、こんな道端で落語を披露しているわけだから裕福なわけはない。演者とマッチ売りの少女が、完全にダブって見える。いいや、本当にこの寒空の下、マッチを売っている少女なのかもしれない。人は家路を急ぎ、全くと言ってよいほど売れない。辛い気持ちを慰めて自分を鼓舞するように、「これは落語だ」と言い聞かせるつぶやきなのかもしれない。「でも、今の自分にはこういう悲しい落語しかできない」。そう思う時、また辛く悲しくなる。

IPPONをとるようなクリエイティブな解答には、背景にある物語や心象風景が見えるものである。固定枠や常識のたがを外して新たな補助線要素を足すことで、このお題で与えられた条件設定(マッチ売りの少女らしい女性と、道行くおじさんと子どもの存在)を部分的に含み、より大きな物語が見えてくるのだ。堀内健さんの解答は、面白おかしい一発ギャグではなく、この女性の生きざまを垣間見させる物語になっている。その点が重要なのだ。「物語」も本書の重要概念の一つであり、後の章でも論じることになる。

†クリエイティブは身体知

心理学研究でよく取りあげられてきた事例や、幾何学における発想問題、そして、自動車の運転、会話、物語の発想、大喜利など、私たちが日常生活でなし遂げている行動を挙げ、クリエイティブであるとはどういうことかを解説してきた。クリエイティブは、物理的な身体を持っているからこそ可能であり、決して、どこかで聞きかじった知識や情報を駆使するだけで（つまり概念的な操作だけで）成し遂げられることではない。クリエイティブとは身体知である。

本章で例示した様々な事例から、クリエイティブであるために必要なのは、常識的なものの見方や固定的な考え方（以後、「考える枠」と呼ぶことにする）に縛られずに枠を飛び越えて飛躍することだと、おわかりいただけたと思う。そして、「考える枠」の外し方や飛躍の仕方のハウツー（黄金ルール）があるわけではなく、その場の状況に応じて臨機応変に枠を飛び越えなければならない。

通常は枠内だとは思えない観点やものごとへの「着眼」が、「考える枠」を飛び越える際の鍵を握る。クリエイティブは身体知であり、着眼行為は身体の発露として行うのだということを、後の章で説明する。決して、知識や情報を駆使して着眼するのではない。

第2章では、考える枠を外して飛び越えるときに起こる認知プロセスについて、過去の研究事例をさらに詳しく紹介する。そして、その後の章で、考える枠を飛び越えること、身体で着眼することとはどういう行為かを考え、クリエイティブというスキルについて詳しく論じることにする。

第2章　「考える枠」を超えることの難しさ

†制約緩和理論

「考える枠」を超えることにまつわる、心理学の研究を紹介しよう。鈴木宏昭氏（青山学院大学）、開一夫氏（東京大学）（以下、敬称略）らが提唱した「制約緩和」という概念である。常識的なものの考え方には知らないうちに数多くの制約がかかっていて、ふとそれを緩和できたときにクリエイティブなアイディアが生まれることを主張した理論である［開 1998］。

鈴木・開らが示した事例は、Tパズルと呼ばれる問題である。図2-1に示すような四つ（a〜d）のいびつな形をした図形（以後、いびつ図形と呼ぶことにする）を与えられたときに、

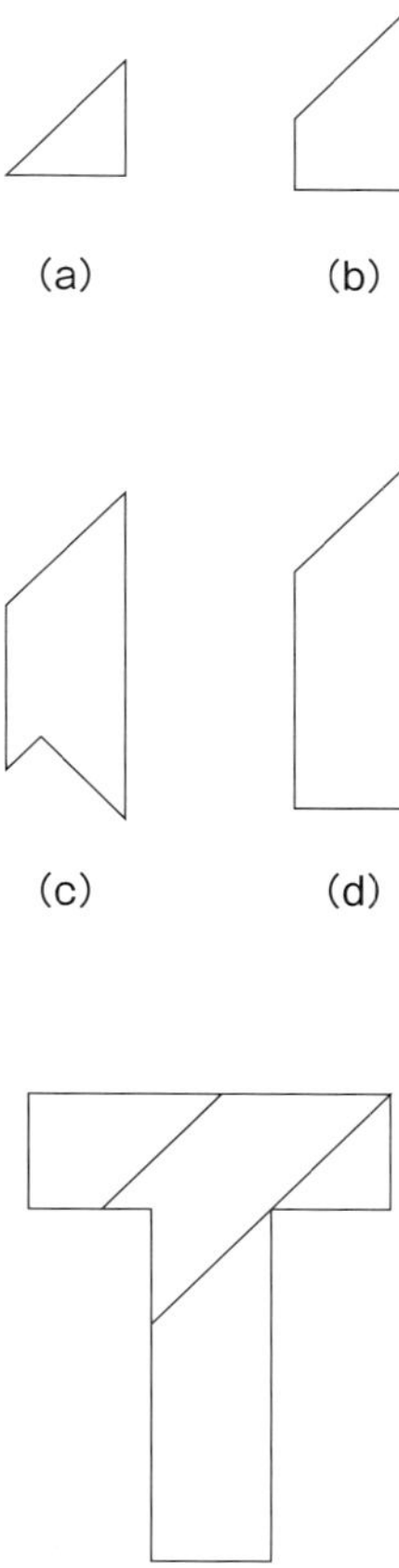

完成図

図 2 - 1　T パズル問題

うまく組み合わせて、Tの字に（完成図のように）することが求められる。

私たちは、いびつ図形をどう認識するだろうか？　いびつ図形にも相対的に長い辺がある。鈴木・開は、「それらの辺が縦になるように、もしくは真横になるように置いて」認識するのが普通であると指摘する。すなわち、形を認識するときに、縦または横という参照軸を設け、その軸に合わせて形を見ようとすることが、すでに制約に囚われているというわけである。

現に、図形（c）や（d）は長辺が縦になるように置かれていて、暗黙のうちに私たちを制約にはめる。また、最終的に作るべき図形がTの字という、縦と横だけからなる形なので、参照軸への囚われは余計強くなるのかもしれない。完成図のように、図形（c）の長辺を斜めに置いて他の図形と組み合わせよう、とはなかなか思えないものだ。

それだけではない。この問題はさらに別の制約を促す落とし穴がある。図形（c）のように凹んだ部分があると、その凹部を他の図形で埋めようとしてしまうのだ。そこを埋めようとして他の図形の角部分を組み合わせてみても、ぴったりとは埋まらずに悩む。「埋めたい」という欲求も、知らないうちに囚われている制約の一つである。

（c）のいびつ図形は斜めに置くという正解を見ると、その図形の（三角状に切り込まれた）凹部は、なんと、Tの字の「縦と横が交わる部分の垂直角」であることがわかる。埋める必要はない。凹部だと認識していた部分がそのままTの字の輪郭線になるのだ。先に述べた二つの強い制約に囚われていると、こういう組み合わせ方は見つけられない。

他にもついやってしまうが成功しない組み合わせ方の典型例として、鈴木・開らは、四つのいびつ図形全てに存在する斜めの線どうしを組み合わせて斜めの角度をなくす（長方形をつくる）という組み合わせ方を挙げている。

制約に囚われながら様々な失敗を繰り返しているうちに、ふと制約が外れると、パッと光明が差すように正しい組み合わせ方が見えるものだ。鈴木・開らは実験によりそうしたデータを示している。「制約緩和」という現象だ。

しかし、クリエイティブになりたいと願う万人の想いを汲むならば、「ふと制約が外れる」ではなく、「如何にして制約を外すか」という理論がほしいはずである。知能研究の歴史上、それに対する明快な解答を提示した研究は皆無である。本書もその域は出ないものの、クリエイティブという知の謎に迫ることで何とか糸口を掴みたいと思っている。

†能動的に制約を外せるか？

いびつ図形（c）の凹部を、「埋めなければならない」と思ってしまいがちなのはなぜだろ

5　本書の完成図にはつなぎ目の線が描かれているが、Tパズル問題を解く人には当然その線は見せない。

うか？　斜めの線を互いに組み合わせて、長方形という斜めのない図形をつくってしまいがちなのはなぜだろうか？　そのことを考えてみよう。

Tの字という、凹部も斜めも存在しない図形がゴールなのだから、そのためには「斜めはなくし、凹部は埋めるのだ」と即断してしまうのが第一の理由だろう。ゴールに向かって驀進しようとする志向が失敗を招く。

正解は、斜めを互いに組み合わせて長方形を得ようとしないこと、凹部を敢えて埋めないことから生まれる。Tパズル問題は意地悪なのだ。「急がば回れ」的な教訓を含んだ問題であると言ってもよい。
（a）と（d）の接続の仕方を見てほしい。点で接しているだけだ。しかし点で接しているところは、互いの斜めの線が一直線をなし、別の辺同士が九〇度の角度をなすように置いている。そして、その一直線にちょうど（c）の長辺がうまく合わさる。
こういう組み合わせ方を連想する糸口は、元のいびつ図形のどこかに存在しないものだろうか？　もし何らかの糸口さえ認識できれば、「ふと制約が外れる」ではなく、「能動的に制約を外す」ことも可能かもしれない。

†補助線問題vs.Tパズル問題

そこで、Tパズル問題を初等幾何学の補助線問題と関係づけて捉え直してみよう。補助線をうまく思いつく一つの方法は、元の図形の中に、幾何学の分野でひんぱんに登場する典型図形の一部を見ることだと第1章で述べたことを思い出してほしい。

同じように、もしいびつ図形(c)の「三角状の切り込み部分」(つい凹部と認識してしまう部分)を両方向に延長するような補助線(図2-2)が見えたとしたら、(c)を完成図のように斜めに置くのも難しくはないかもしれない。補助線問題における元の問題に相当するのが、Tパズル問題では四つのいびつ図形である。補助線問題における「ひんぱんに見る典型図形」に相当するのが、Tパズル問題では「Tの字を構成する直角の部分」である。

いびつ図形(c)のこの部分を、果たして補助線の「糸口」として着眼できるだろうか?まず鍵となるのは、いびつ図形(c)の切込み部分の角度が直角であることに気づけるかどうかである。そして、次に、直角をなす二つの短辺を見て、図2-2のような点線を思い浮かべることができるかどうかである。そうすれば、凹部とは見ずに、T字の直角を構成する要素だと認識できるかもしれない。

Tパズル問題が難しいのは、この直角をなす二辺がいずれも短辺であるからではないか。だからこそT字の直角の一部であることに気づく(図の補助線を連想する)のが難しいのだ。もしいびつ図形(c)が図2-3のようなものだとしたら、つまり図2-2よりも直角をなす二辺

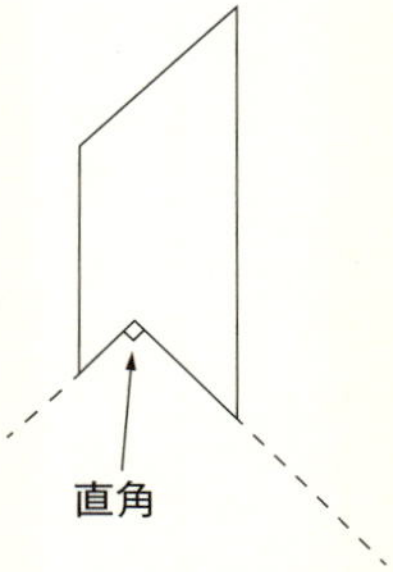

図2－2　補助線が見えさえすれば……

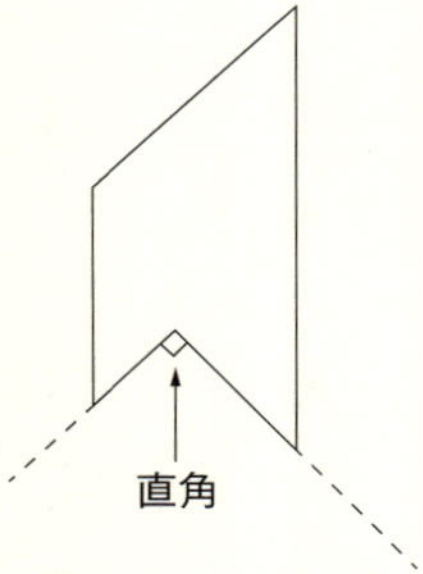

図2－3　補助線が見えやすいかも

が長いものだったら、Tの字の直角部分の一部としての補助線が見えやすく、問題の難易度は下がるかもしれない。いびつ図形（c）の幅が太くなった分だけ、Tパズルの横棒の長さが長い必要があるのだが。

着眼と関係づけ

図2-3のいびつ図形だったら問題が少し易しくなるかもしれないという仮説は、クリエイティブに考えるために人がどう「考える枠」を外すのかについて、重要なヒントを与えてくれる。「ほんの些細な特徴に着眼し、それを自分が知っている（もしくは見たことのある）別のものに関係づけてみる」ことが、考える枠を外すということの源かもしれないのだ。

　Tパズル問題を解くために「着眼」すべきことは、まず、（c）の切れ込みが直角をなしていると気づくことだ。そして、「よく知っている／見たことのある別のもの」に相当するのが、Tの字の直角を構成する二つの長辺である。いびつ図形の直角に着眼し、それがTの字の直角に関係するのかもしれないと関係づけることができたとき、補助線が見え、いびつ図形（c）の置き方も見える。

「着眼」と「関係づけ」は本書の中核をなす概念なので、それについては後の章で詳しく論じることになる。ここでは一つだけ注意すべきことを述べておく。それは、「まず着眼が起こり、その着眼に起因してその後、関係づけが起こる」というような、確固たる順番や因果があるわけではないという点である。「Tの字の直角部分をじっと想像していたら、いびつ図形（c）の切れ込みが直角であると着眼できた」ということもあり得る。

より正確に表現するならば、関係づけと着眼はどちらが先でもなく、ほとんど同時に生じるのだ。着眼できる能力も関係づける能力も、ともに必要であることは確かである。どちらか片方が欠けても「補助線」は見えない。関係づける能力が欠けると、そもそも着眼自体が意味をなさない。したがって着眼は起こりすらしないかもしれない。この点についても後の章で、認知科学の理論に照らして詳細に論じようと思う。

†知識が制約になることがある

初等幾何学の補助線問題やTパズル問題は視覚的な推論対象なので、着眼も関係づけもビジ

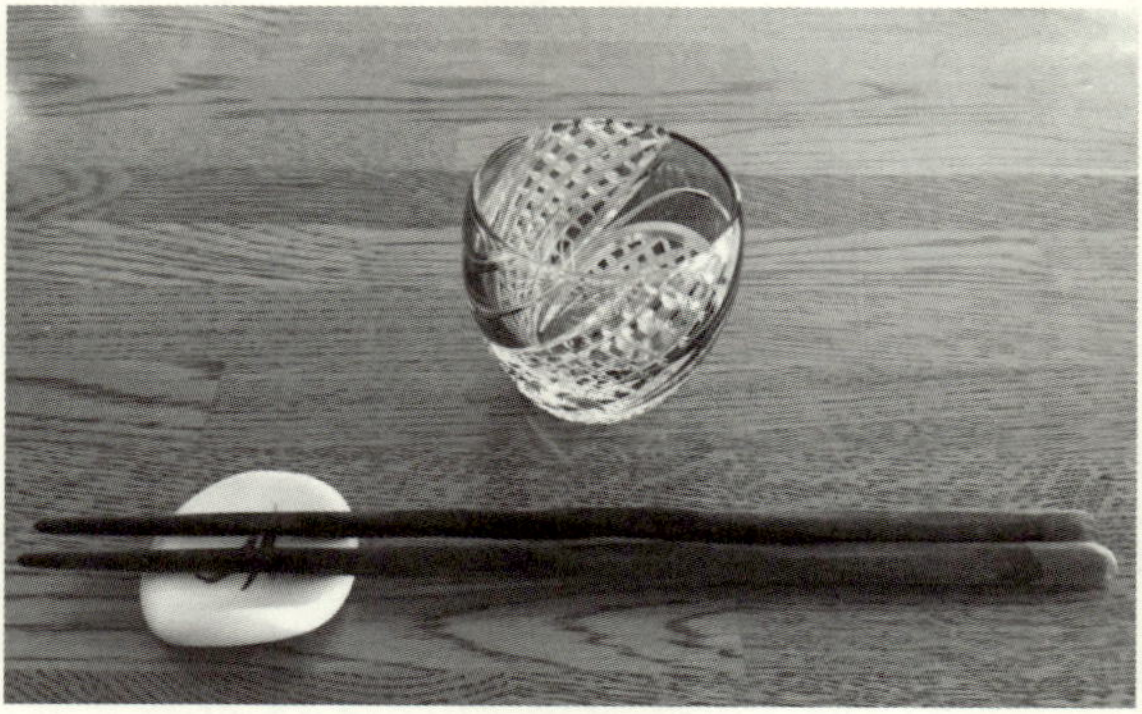

図2-4　江戸切子グラス

ュアルな性質や関係性に対するものであり、「意味」が関わるということはない。「意味」が関わるとはどういうことだろうか？　図2-4のような物体を見て何を思うか、を考えてみよう。

たいていの方は、これをグラスと思うはずである。箸が一緒に写っていることから大体の大きさがわかる。手の平全体でつかむとすっぽり隠れてしまうから、手の平で持つのではなく、指だけで（親指と、人差し指そして中指で）つまむように持つくらいの大きさであると。だとすると、ワイングラスやブランデーグラスではないし、珈琲、日本茶、紅茶を飲むグラスでもない。ごく強いリキュールを飲むショットグラスか。日本酒のおちょこかもしれないと考えるだろう。

「グラス」、「ショットグラス」、「おちょこ」かもしれないという解釈が、「意味が関わる」ということである。「意味」はその物体の視覚的・物理的な性質だけによって生成されるわけではない。この例では、手の平とこの物体の大きさの関係、そして、手でどう持つかという身体行為に想いが及んでいる。ある物体の「意味」とは、身体がその物体に対してどのように働きかけてどのような相互作用があるか、結果としてどのような身体行為が生じるかに依存して決まるものなのだ。そういうことに想いを馳せることが「解釈」であり、「解釈」の結果生成されるのが「意味」である。

初等幾何学の補助線問題は論理的な領域の問題、Tパズル問題は視覚的なパズルの領域の問題なので、日常生活での身体行為とは直接の関係はない。したがって、グラスの事例のような「解釈」行為や「意味」の生成は生じない。そういう問題領域でも人は知覚的な制約に縛られ、「考える枠」を固定化してしまうものだが、「意味」が関わると、実は、なおさら厄介になるということを紹介したい。「意味」が強い制約として働き、つい無自覚的に「考える枠」を固定化してしまうのだ。

図2-4の物体は見るからに透明であり、このような形をしているから、無自覚に我々は「グラス」だと解釈する。グラスとはどういう物体であるかを知っているから、その知識を適用して、これをグラスだと解釈する。知識を有するからこそ、その適用が制約となり、「グラス」以外の何にも見えなくなってしまう。「花を生ける花瓶に使える」などとはなかなか思えない。

手の平より小さいのだから「花瓶」なんて変だと思う人は、「花瓶」という知識に縛られている。道端で摘んだすみれをちょっと生けると、愛らしいかもしれないのに。

表面に施された凹凸の飾り模様を、工芸の世界での有名なパタンだと認識する知識を有する人は、「これは高価に違いない」と想像し、「高価なお酒用のグラス」だろうと思うかもしれない。その思考に囚われて他の発想がわかないとすると、知識が制約として働きクリエイティブな想像が阻害されている。「日頃飲んでいる安物のお酒もこのグラスで飲めば、優雅な気分になり少し美味しく感じられるかもしれない」と考えたとしたら、「考える枠」をちょっと外すことができている。

「この物体を二つ用意し、両目に嵌めて歩けば、世の中は今よりも美しく見えるかもしれない」とか、「お気に入りの指輪をそっと入れて部屋に飾るためのもの」などと思えれば、さらに枠は大きく取り払われている。しかし、この二つのアイディアも、「凹凸の飾り模様が綺麗だ」という解釈に縛られていなくもない。

「これ何？」と尋ねる大喜利で、お笑い芸人がなんというかをぜひ聞いてみたい。彼らの解答はもっと突拍子もないに違いない。

†知識がデザインの飛躍を妨げてしまう事例

本来自由な発想を尊ぶはずのデザイン行為も、知識が制約として働いて縛られてしまうと、ありふれた案しか出せなくなるという現象は、「デザイン固着」(Design fixation) と称される。その現象を示したのはジャンソン (D. G. Jansson) とスミス (S. M. Smith) の一九九一年の論文 [Jansson 1991] が最初だが、その後多くの研究者が興味を抱き、様々な「デザイン固着」が示され、議論が起こった。

その一つ、シドニー大学のパーセル (T. Purcell) とジェロ (J. Gero) の論文 [Purcell 1996] について紹介しよう。「高齢者がお風呂に入る際の、補助になるような器具をデザインせよ」という課題を、デザインを学ぶ学生に与え、デザイン固着がどう生じるかを調べた研究である。実験参加者として、機械工学を学ぶ学部生 (最終学年) とインダストリアルデザインを学ぶ学生、各々多数が選ばれた。

実験参加者には、デザインのお題を説明する文章を渡した。さらに、機械工学及びインダストリアルデザインの両分野ともに、実験参加者を二つのグループに分け、片方のグループだけに図2-5に示すデザイン例を絵で示した (絵を提示したグループを実験群、提示しなかったグループを統制群と呼ぶ)。

実は、絵を与えることがこの実験のミソで、結果について先に述べると、絵の例に含まれている様々な特徴に縛られやすいという固着が観察できたのだ。デザイン例の絵は一つのサンプルであること、デザイン例が提示されたのはお題の意図や目的の誤解を避けるためであること、したがって絵に縛られず独自のデザインを考案するべきであることは、当然学生もわかっている。しかし、つい縛られてしまうのだ。

ここで注目すべきなのは、無自覚に固着にはまってしまう割合は、インダストリアルデザインの学生よりも機械工学の学生の方が遥かに高いという結果である。

パーセルとジェロがその結果をどのように導き出したかを、簡単に説明する。まず、図2-5の例にはどのような構造物、仕組み、メカニズムが含まれているか（「デザイン特徴」と以下では呼ぶ）を列挙した。例えば、

●支柱
●シート（席）
●ハンドル
●横に張りだす棒状の要素（英語ではboom）
●席を持ち上げる機械的仕組みの内蔵

などである。さらに、各々のデザイン特徴について詳細事項も列挙した。例えば、

●支柱が床に固定されている
●固定の仕組みは基盤プレートである

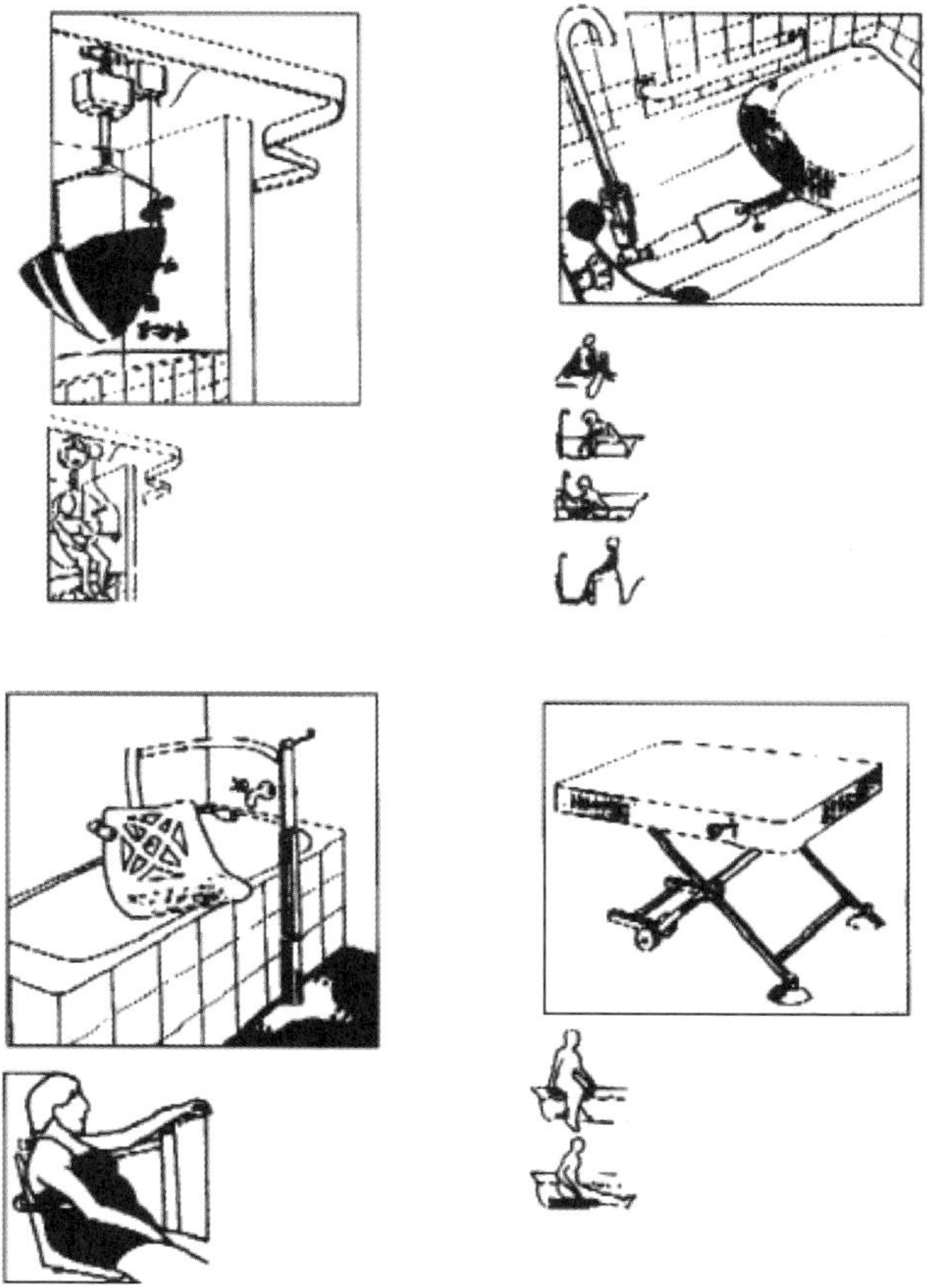

図 2-5　デザイン例として実験参加者に与えた絵
（[Purcell 1996] より転載）

●シート（席）には腕置きがある
●シート（席）は型抜きで製造されたものである（英語では moulded）
●シート（席）には大小様々な穴が開いている
●浴槽にはタイルが張ってある
などである。パーセルとジェロがリストアップした項目は、デザイン特徴が七個、その詳細事項が一二個、計一九である。そして、学生が考案するデザインに全く同じデザイン特徴や詳細が含まれている数を、二つのデザイン分野の実験群と統制群各々（つまり四つのグループ）について算出したのだ。

デザイン例と同じ特徴や詳細事項を、自らのデザイン案に使ってしまった学生の数を統制群と実験群で比較すると、機械工学科の学生だけが、実験群が統制群よりも統計上有意に多いという結果になった。上記の一九項目のうちなんと一三項目の特徴や詳細事項を、実験群の学生は統制群よりも使う頻度が高かったのだ。しかし、インダストリアルデザインの学生は、実験群が統制群よりも使用頻度が高かった特徴や詳細事項は、一九項目のうち四項目にとどまった。

機械工学の学生だけが与えられたデザイン例に縛られやすかった理由を、パーセルとジェロは、「専門知識を持っているからかえって縛られやすい」と論じている。高齢者をお風呂に入れるための器具をデザインするというお題は、人の体重を支え、浴槽に運び、お湯の中に静かに浸からせるための、機械工学分野では見慣れた仕組みを少なからず駆使して解決を図る種類の課題である。現に、絵で示されたデザイン例もその種の仕組みを多用している。

機械工学の学生は、機械工学的な仕組みの専門知識を持っているがゆえに、絵を見た途端、そこに見慣れた仕組みを見出し、そのデザインがどう機能するかを瞬時に理解するのだ。そして、他のデザインを考案しようとしても、与えられたデザイン事例を理解したがゆえに、そこで使用されている仕組みを頭から排除できなくて、自分も同じような仕組みを無自覚に使ってしまう。専門知識とそれを基にした理解が、仇となる。

一方、インダストリアルデザインの実験群の学生は、同じ絵を見てはいるが、機械工学の専門知識を持たないために、幸か不幸か絵で示された仕組みを深く理解することはなく、したがって縛られない。

†着眼と解釈の固定化がクリエイティブの敵

パーセルとジェロのデザイン固着論も、先に論じた「着眼」と「解釈」という観点で説明できる。図2-4のガラス製の物体の例に、戻ることにしよう。着眼と解釈には、前者が先に起こり後者がそのあと起こるという順番があるわけではなく、ほぼ同時に起こると述べたことを思い出してほしい。それ相応の知識を持っているから、見た物体に対する解釈ができる。つまり、知識を適用して「（現在自分が見ているものは）ガラス製の高価なおちょこだ」と解釈するということは、同時に、その知識に照らした着眼をするということに他ならない。

例えば、ガラス製の物体は光を通したり、反射したり、複雑な屈折を起こしたりするということと、そうなった時にどのように見えるかを知っているから、その物体と光の関係に着眼するのだ。ガラス製品の高価なカット模様の知識を持っているからこそ、その物体の表面の凹凸に着眼するのだ。そういう知識を持ち合わせていなければ、単に、物体の表面に凹凸があるということだけが意識に上るか、もしくは、物理的にはそういう視覚信号を網膜で捉えていても特に意識には上らず、知覚しないかもしれない。

一般に、人の知覚は「選択的留意」（selective attention）という性質を持っていて、外界で生じるすべての信号を受動的に受け取るのではなく、知覚する情報を能動的に峻別している。「着眼」とは選択的留意という現象に支えられている。知識を持っているからこそ、その知識を適用すれば「これは○○だ」と解釈する源となる、ある知覚的情報に着眼できるのだ。そういう知覚的情報に選択的に留意することと、その知識を記憶の中から引っ張り出すことは、どちらが先でもなく、同時に起こることである。

「着眼」と「解釈」の相互依存関係という観点からパーセルとジェロのデザイン固着論を考えてみると、以下のようになるであろう。専門知識への意識が強すぎると、その知識に照らした

「ある特定の解釈」だけにいつも頼り、それに伴って、その知識に照らした「ある特定の着眼」をしてしまう。つまり、常にある特定の着眼と解釈のセットで世の中を見てしまう。

デザインとは、世の中にこれまでなかった新しいものやシステムをつくりだし、これまで見過ごされてきた新たな視点を世に提供することなので、着眼と解釈の固定化はクリエイティブなデザインの大いなる敵である。デザイン固着は由々しき状態なのである。知識を持ち合わせていないとそもそも解釈ができないので、知識が必須であることに間違いはない。それなのに、「専門知識への固執がクリエイティブの敵でもある」とはなんとも皮肉なものだ。知識を常にリフレッシュし、新しい着眼と解釈を求め続けることが、クリエイティブになるための条件であると言えよう。とても難しいことなのだが。

第3章　デザイナー――着眼と解釈に長けた人たち

†デザインスケッチ

着眼と解釈を常にリフレッシュすることは難しいが、手がないわけではない。「手がある」と言っても、着眼の仕方（外界のものごとの何をとっかかりにするか）や解釈の仕方に「すぐ使えるハウツー原則」みたいなものは存在しないだろう。原則に則ることが常態化すると、既にクリエイティブではなくなるのだから。

プロフェッショナルは、どういうことをしているのだろうか？　まずは、プロの建築家の事例を観察してみよう。

この章で挙げるのは、プロのデザイナーが頻繁に行うスケッチについてである。デザイナーの仕事は、クライアント（建築家の場合は施主）からデザイン仕様を与えられて、それを実現するものごとを生み出すことだ。デザイン仕様とは、「これこれこういう目的や機能を満たすものを、この予算の範囲内で創り出してほしい」という大まかなゴール（要求）である。デザイナーはそのゴールの実現手段を考案し、実際に世の中に創り出す。

デザイナーは与えられたデザイン仕様を念頭に置きながら、どう実現するかを模索するためにしばしばスケッチをする。スケッチといっても絵や図だけではなく、重要なコンセプトや概念を表現する単語をメモしたりもする。そういった行為の総称を本書では「スケッチ行為」と呼ぶことにする。

おぼろげなるアイディアを図や絵や文字として紙の上に残し、それを見て何かに着眼したり解釈したりすることを介して、新しいアイディアが浮かぶ。それをまた紙の上に表現する。スケッチ行為とは、頭に浮かんだ明確なアイディアを備忘録として記録することではない。未だ明確ではなくおぼろげなアイディアであっても、その段階で「とりあえず」紙の上に表現することに意味がある。

別の言い方をすると、頭の中だけで考えるのではなく、外的な表象として表現すること（デザインスケッチの場合は、スケッチ用紙に描く／書くこと）を通して、自分の認知と自分が表出した表象を相互作用させながら、次第にアイディアを固め、新しいコンセプトを生み出すのである。

デザイン教師でもあり理論家でもあるドナルド・ショーンは、認知と表象物の相互作用をリフレクティブ・カンバセーション（reflective conversation）と呼んだ[Schön 1983]。自分が表出した表象とあたかも会話するかのように向き合い、その会話から新しいものごとを生み出すのだ。スケッチ行為は、せっかく浮かんだアイディアを忘れないように記録するだけの行為ではなく、自身が表象したものとの会話から新しい未来をつくりだす前向きの行為なのだ。

†建築家のスケッチ

私がプロの建築家を参加者にして行ったスケッチ実験[6]から、興味深い事例を示そう。「光と水と空気の美術館」の基本コンセプトを四五分でデザインするという課題を与えた。敷地の大きさと形と方角、および周りの道と敷地の関係を大まかに表現した図を渡した（図3-1）。その敷地はサンフランシスコ郊外のゆるやかな傾斜地（低い丘の斜面上）にあると想定した。

図に示すように、ハートマークを逆さまにしたような形の敷地である。下が真南で、真南方向に緩やかに傾斜している（下る方向）。公道（public road）は敷地の西側から南側に回り込むように走っている。

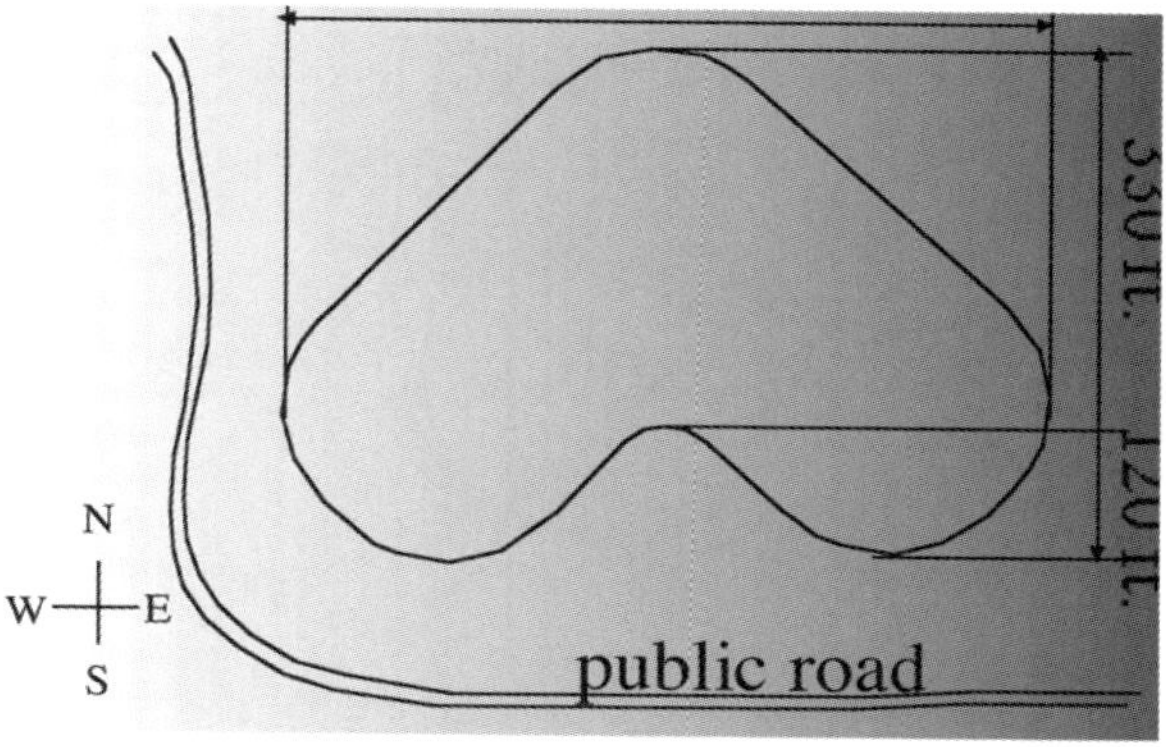

図3－1　デザイン課題の敷地情報

こんな妙な形の敷地条件にした理由について説明する。美術館に必須の機能や構造物を、通常ではない形の中に配置することは、恐らく難しい。難しいがゆえに、規範的、常識的な枠を飛び越え、新しさを生み出さざるを得なくなるのではないか。そういう状況に参加者を置くために、こういう妙な形にしてみた。案の定、何名かの建築家はこの形を通常ではないと認識しつつも、それを生かしたデザインを考えようと取り組んだ。

一〇人弱の建築家が参加してくれたが、そのうちの一人のスケッチ行為を紹介しよう。彼は四五分の間に一三枚のスケッチを（トレーシングペーパーに）描いた。図3-2は一枚目のスケッチである。

一枚目は、敷地の図（図3-1）を下敷きにして、トレーシングペーパーに描いたので、ハート形の敷地の線と公道を示す線が、この図にも見えている。公道

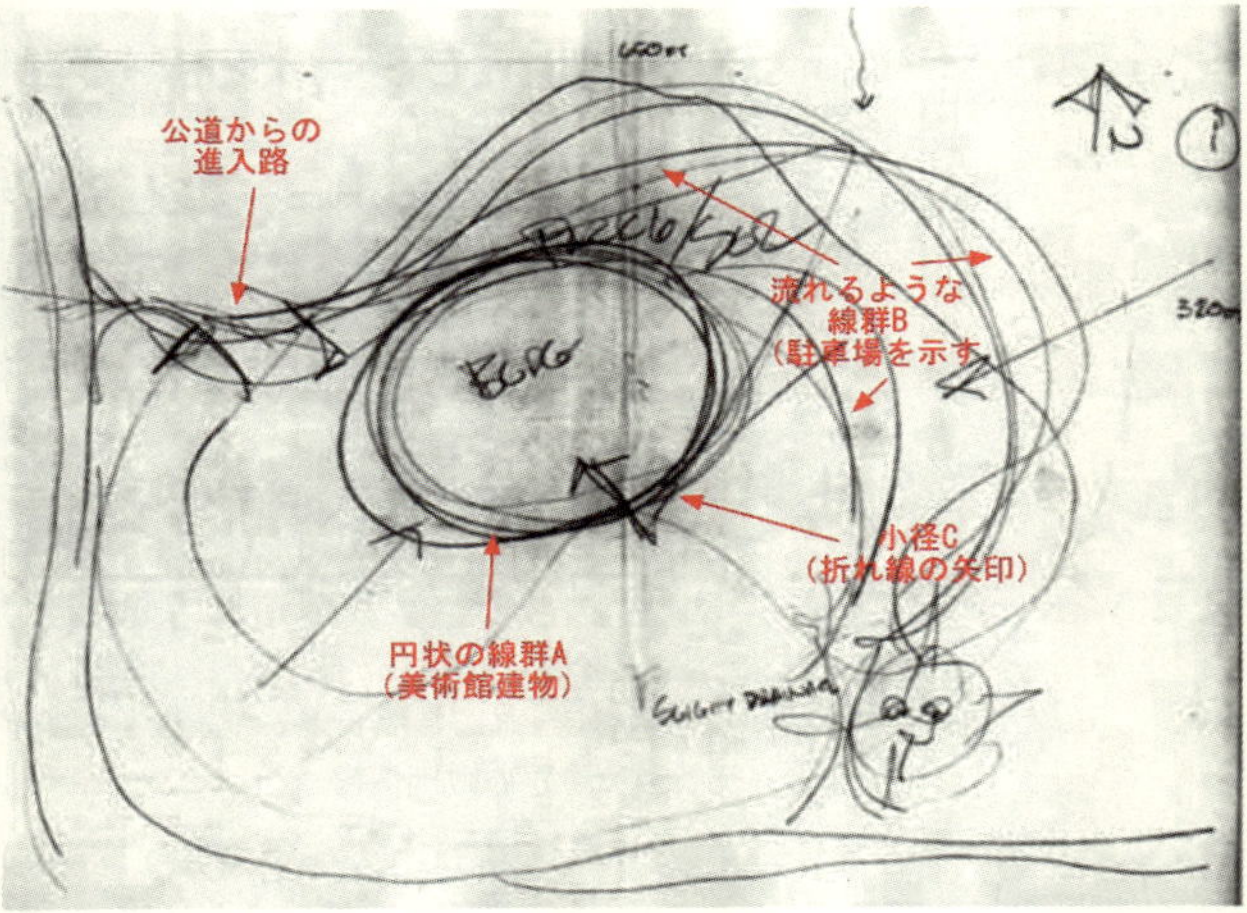

図3－2　1枚目のスケッチ

の線については、図3-1の線をなぞり描きをした線がトレーシングペーパーの上に認められる。敷地の線はなぞり描きせず、敷地のほぼ中央、少し左側に、「この辺りに美術館の建物」と意図しながら、[7] 大きな円状の線を濃く描いている（図3-2の線群A）。そして、敷地境界線の内側で建物の北側から東側にかけての広い領域を、「ここは駐車場」と意識しながら流れるような線（同線群B）で描き入れている。サンフランシスコ郊外という立地であれば、「来館者は自家用車でやってくるため広大な駐車場が必要である」ことを意識し、西側の公道のあるポイントから建物の北側にかけて、敷地への進入路（同左上）を描き入れている。

大まかな配置を既に決定して描き入れたの

ではなく、様々なものごとを精査する前に「とりあえず」直感的に描き入れていると考えてよい。

二枚目以降で重要になる要素は、駐車場の中央付近から建物の南側に斜めに延び、建物の南側で約九〇度曲がって建物の内部に刺さるように描かれた折れ線矢印（この建築家は「小径」と称していた。図に小径Cと付記）だ。駐車場で車を降りて来館する人たちが歩く動線を表した線である。「駐車場から太陽の当たる道を歩いて、建物の南側にやってきて、そこですっと中

6　訪問研究員としてスタンフォード大学に滞在中に、同大学心理学科のトバスキ教授（B. Tversky）と行った共同研究である［Suwa 1997］。

7　スケッチを描いているとき、建築家は黙々と課題をこなしている。そのスケッチ行為の様子を天井からビデオ撮影した。四五分の課題が終了した直後、そのビデオを再生させ、ビデオに映っているスケッチ行動の線や文字の一つ一つについて、その背後にあった意図や思考を（再生に合わせて）語ってもらった。いわゆるretrospective reportという手法である。自分のスケッチ行動を指差して語っているシーンを撮影した、後者のビデオの内容をもとにして、建築家の意図や思考をデータ取得したものである。語りは、スケッチ行動のビデオ再生には追いつかない（語ることは沢山ある）ので、遅れていると感じた時は私がビデオ再生を一時停止した。したがって、四五分のスケッチ行動のすべてについて語り終えるまでに、この建築家の場合は約八〇分を要した（後者のビデオは約八〇分の長さになった）。本文中の「〇〇という意図で××という線を描いている」という記述は、後者のビデオを根拠にしていると理解していただきたい。

に入る」と意図していたようである。スケッチの右下の顔のような絵は、常に太陽光が南側から差し込んでいることを念頭に置かねばならないという意図から描き入れたものだ。美術館の建物への導入路は日当たりが良くあってほしい、という気持ちがあったのである。

小径Cを彼が重要視しているのは、スケッチの二枚目と三枚目を、小径の検討に費やしたことでわかる。図3-3が三枚目のスケッチで、美術館の建物、駐車場、そして小径とその周りのデザインだけに特化して描いたものである。中央少し左の大きな円が美術館建物（図3-3のA）、その左から円の上縁部を通って、右上の領域にまたがる細長い雲のような曲線図形が駐車場（同B）である。そして、駐車場で車を降りた人たちが集まってくる位置（図に「ポイントD」と付記）から、斜め四五度に左下に延びる直線が小径Cである。

小径は美術館建物の円に接し、さらに左下にまで延長されている。小径が大きな円に接する点が、図3-2で矢印が折れ曲がっていた箇所、つまり、「美術館にすっと入り込む」位置であり、そこには「チケット売り場などを含む、エントリーロビー周辺の機能」を置くという意図で、小さな円を描いている。

小径の直線に沿うように曲線を描いている（同E）が、それは、「来館者には、建物に入る前から、つまり駐車場から歩いてくる時に既に楽しい気分に浸ってほしいため、そこに綺麗なせせらぎのような水路を配したい」という意図で描きこんだものである。

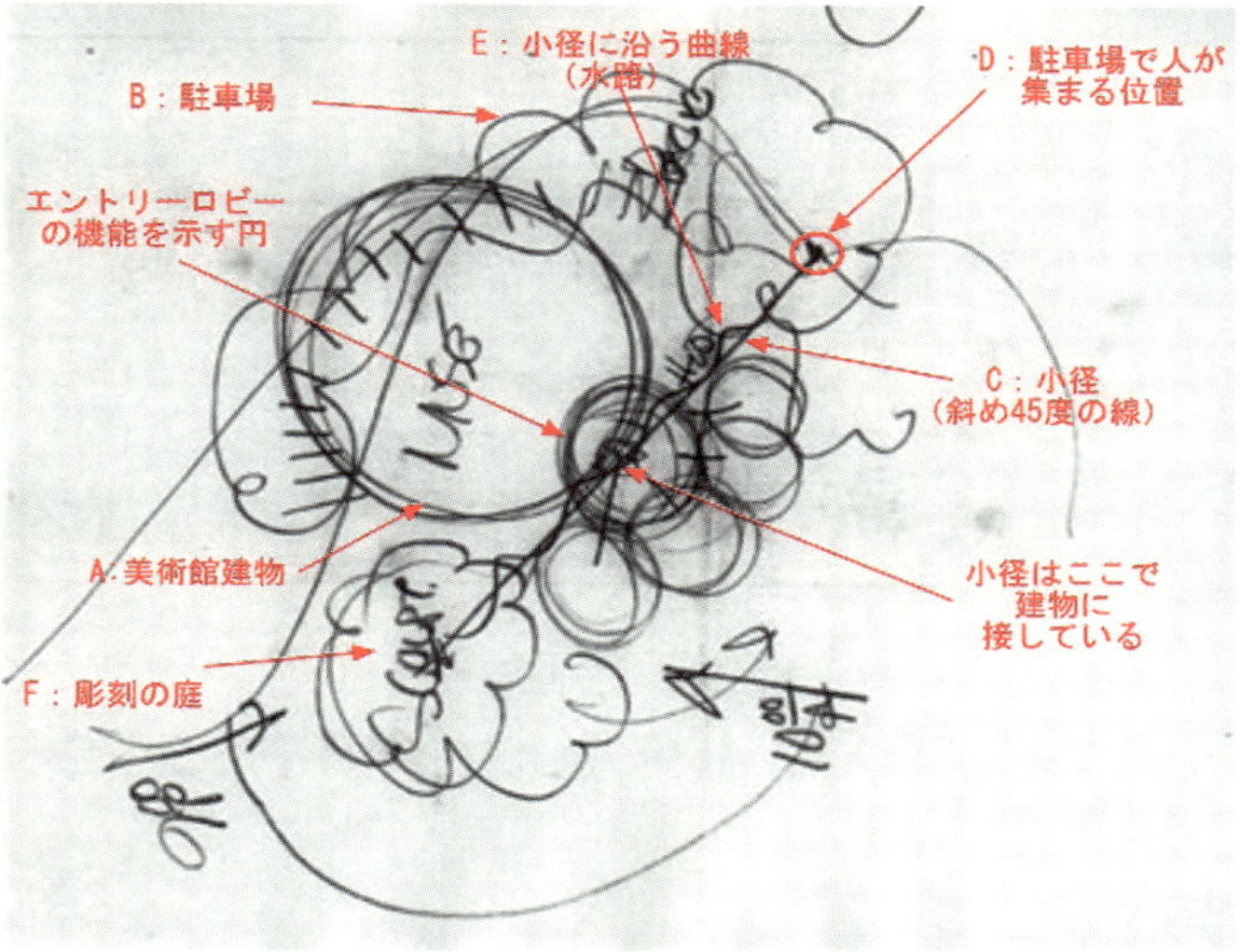

図3-3　3枚目のスケッチ

エントリーロビーを表す小さな円よりも更に直径の小さい円が、ロビーと小径を囲むように四つほど描かれているが、「水路に加えて来館者を楽しませるための何らかの楽しい仕掛け（例えば、花壇などはその一例）を配する」という意図である。

さて、図3-2では小径は駐車場から美術館入り口に至るまでという考えであったが、図3-3ではエントリーロビーを越えて左下まで延長されている。この小径で来場者を楽しませるという中心コンセプトを表すデザインとして、彼は、左下に彫刻の庭を設けたいと、三枚目のスケッチで初めて考えはじめたのである。スケッチには雲形のエリア（図ではF）

と"Sculpt."という文字が描かれている。「駐車場から歩いてくる道すがら、せせらぎや花壇という近くの仕掛けだけではなく、歩く小径の延長線に彫刻のような構造物を配する庭があれば、その求心力が楽しさを倍増させるのではないか?」と彼は考えた。したがって、小径に沿ったせせらぎもその彫刻の庭まで延びている。

一枚目から三枚目にかけての検討は、「小径を歩いている時から、来館者を楽しませ始める」ための試行錯誤だったと言って過言ではない。様々な仕掛けを小径に沿って配することにとどまらず、更に、駐車場から美術館の建物を通り過ぎた延長線上の広いエリアに彫刻の庭を配したのだった。そして、この彫刻の庭の存在が、四枚目のスケッチで一つの転機をもたらすことになる。

†意図していなかった知覚的情報の発見

図3-4が四枚目のスケッチである。小径の周辺部分のみ特化して試行錯誤していた三枚目とは異なり、再び全体の敷地にそれまでのデザインコンセプトの概略を描きこんでいる。図中のポイントDが駐車場で車を降りた人が集まってくる位置、ポイントDから左下に延びる直線C(図では赤色で強調)が小径、その延長線上に阿弥陀のマークで記されたエリア(F)が広場のような庭、そしてそこにはいくつかの大きな彫刻を置く(いくつかの丸い印が彫刻である)。

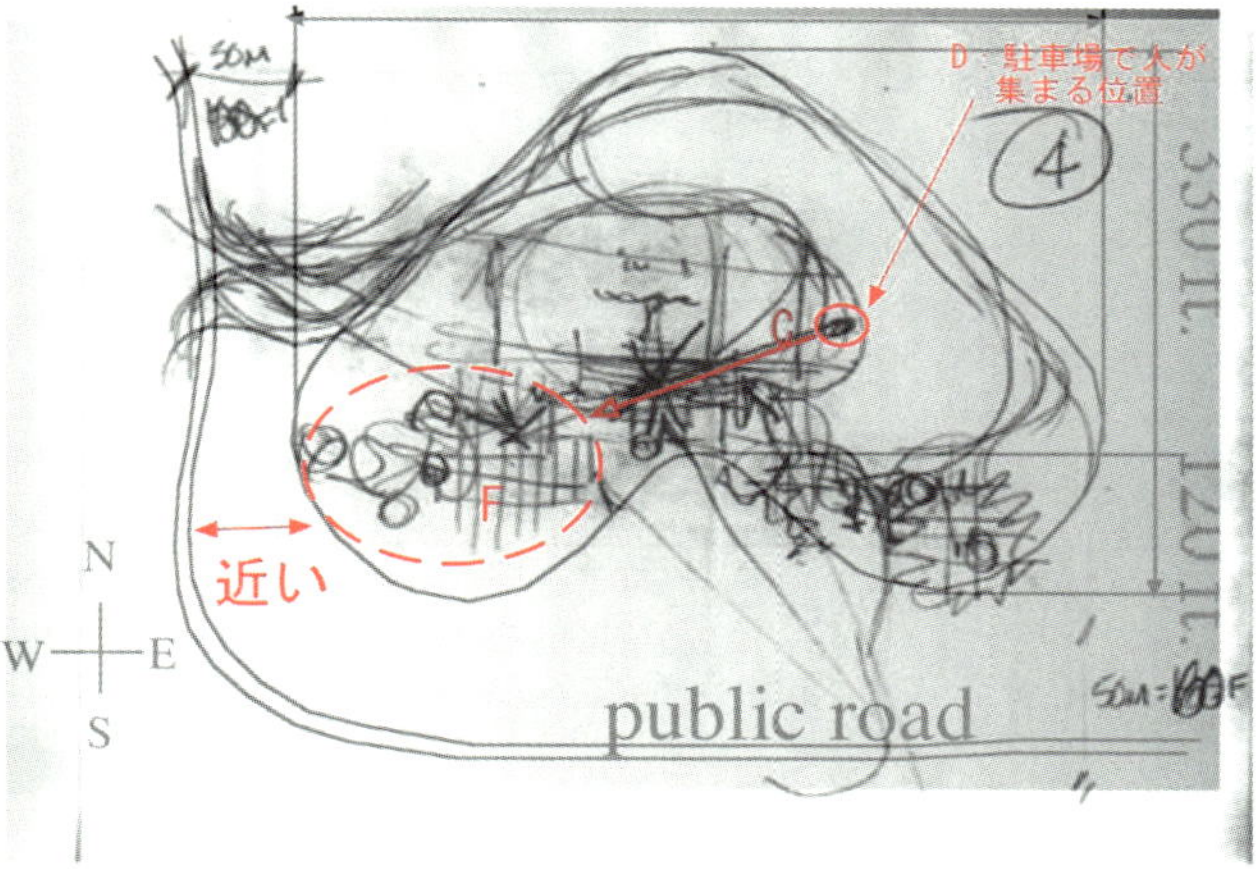

図３－４　４枚目のスケッチ

今まで円で示されてきた美術館の建物は、少々楕円になり、長方形のような形でも描かれはじめている。その北側から東側には敷地境界線に沿って駐車場の曲線が描かれ、西側の公道からの導入進路も建物の北側に描かれている。三枚目のスケッチまで検討してきたコンセプトである。

さて、この直後に彼は、それまでは全く留意していなかった特徴がスケッチの中に存在していることに気づくのである。彼のスケッチ行為をこれだけ詳説している理由は、まさにこの「気づき」の重要性を論じたいからである。彼の発見とは、彫刻の庭（図では点線の円F）が敷地の西側を通る公道に非常に近い位置にあることである。

「それだけ？　それがどうかした？」と思う

読者もおられるかもしれない。スケッチの中に、自分が過去に描き入れた要素同士に近接関係を見出しただけのことではないかと。

デザイナーは、新しいアイディアを練るときに、なぜスケッチをするのだろうか？　先の「気づき」の事例は、この問いに対する答えを雄弁に物語るのである。結論だけ簡潔に記しておく。スケッチには自分が描き入れてきた様々な要素が混在していて、デザイナーの脳裏には各々の要素を描き入れた時の意図も残っている。しかし、その意図に縛られているうちは、スケッチを「新しいアイディアをひねり出すためのツール」として活用することはできない。スケッチは備忘録ではないと、先に述べた。「自分が全く意図していなかった特徴や関係性を自分のスケッチに見出す」ことができて初めて、未来をつくりだすためのツールとしてスケッチを活用することができるのだ。

彫刻の庭と西側の公道の近接関係への気づきは、そういう行為である。第2章までに論じてきた言葉で言えば、ある知覚的特徴への「着眼」である。人は、外界に存在する全ての特徴や関係性に一度に留意することはできない。網膜には映っていても、その全てを知覚することはない。先の章にも述べた「選択的留意（selective attention）」という性質だ。意図を持って描きこんだ様々な要素がスケッチには混在している。要素が混在するからこそ、そこに様々な特徴や相互の関係性が潜在する。しかしその全てに留意することはない。だからこそ、後で、自分が全く意図していなかった特徴や関係性に着眼するという現象が生じるのだ。

彫刻の庭は、あくまでも駐車場、美術館の建物、そして小径との関係性に留意する形で建物の左下のエリアに描かれたのである。それが偶然、公道に近い位置にあっただけである。四枚目のスケッチ自体には公道の線は描かれていないのだが、このとき彼は敷地図（図3-1）を下敷きにしてトレーシングペーパーに描いていたので（図3-4のように）、彼の眼には、彫刻の庭と公道の近接は映っていた。この種の気づきを私は「意図せざる知覚的情報の発見（unexpected discovery）」と呼んでいる［Suwa 2000］。

「意図せざる知覚的情報の発見」の事例は多岐にわたる。スケッチの初期段階では、主要な要素の位置だけを大まかに、しかも素早く、描き入れることが多い。そういう時にはたいてい、円形や流れるような線で描く。図3-2や図3-3がまさにそうである。素早く描くにはその類の線が身体的に自然だからであろう。決して、美術館の建物の形は円にしようなどと考えているわけではない。つまり、描き入れた時には、「形」という属性や「円」という属性値は全く意図していない。

しかし、後で自分のスケッチを振り返ってみた時に、「建物の形は円でいいのかな？」と考え出すのだ。現に、四枚目のスケッチでは建物の形が、微妙に楕円形状や長方形に変形している。まだ建物の形を真剣に検討しはじめたわけではないが、少なくとも敷地全体のバランスの観点から、四枚目になって、形や大きさについて少しは留意しはじめたのだろう。これも、意図していなかった特徴（形や大きさ）への気づきの事例である。

スケッチを描くことは物理的に頭の外に表象する行為なので、意図しようがしまいが、物理的な大きさ、形、（手描きの場合）ペンの太さ、微妙な線のズレ／乱れなどが紙の上に残る。いくつもの要素が混在するため、要素が一つ加わるごとに、それら相互の関係性が潜在的に増えていく。そして後ほど、その関係性や属性に着眼できたならば、「意図していなかった知覚的情報の発見」という現象になる。

†デザイン仕様の創造

前置きが長くなったが、彫刻の庭と公道の近接性への気づきを例として挙げたのは、その着眼と同時に、「互いに近いということは、公道を行く人々から彫刻の庭が見え、その楽しさが伝わる可能性がある」という解釈を、彼が新しく生み出したからである。

第2章で論じたように、着眼と解釈に時間的順番はないので、近接性への着眼とこの解釈はほぼ同時に生じたことであろう。「見える／見えない」という関係性（viewing relation）は、ランドスケープデザインや建築デザインにおいては常に考慮すべきイシューである。プロの建築家としてその思考には慣れているからこそ、この近接性に着眼できたとも言える。

そして、この解釈をもとに、彼はすぐさま「この公道を通りがかっただけの人も惹きつけて誘い込むような、吸引力の強い美術館にしたい」という、新しいデザイン仕様を打ち立てたのである。デザイナーは、与えられたデザイン仕様を満たすようなものごとを創り出すだけではなく、自ら新しいデザイン仕様を付け足していく［Lawson 1990］と言われている。彼は、四枚目のスケッチ以降、この仕様を基本コンセプトにしてデザインを続けた。その発端は、近接性への着眼と、可視性（viewing relation）という解釈だったのだ。

この事例は、些細な「着眼」と「解釈」が新しいアイディアを生む源泉であることを如実に物語っている。彫刻の庭を、駐車場、建物、小径とのセットで認識するという初期の意図の縛りから自由になり、公道とのセットで見直すという着眼がここにあった。これがショーンの言うところの「自分のスケッチと会話するかのように相互作用する」ためにスケッチを活用することの極意である。

しかしながら、スケッチはそれほど簡単な行為ではない。人は自分が過去に行動した意図やその時の解釈に容易に縛られてしまいがちである。そのことを、以下の節で述べる。

孵化フェーズの正体——縛りを解くこと

グラハム・ワラスの四段階理論に、「インキュベーション（孵化）」というフェーズがあったことを思い出してほしい。熟考を続けるのをやめて頭を休めていても、無意識化ではふつふつとクリエイティブなものごとが育っているフェーズのことであり、孵化が終わると突然閃きのフェーズにつながる、という理論だった。

孵化というメタファーは「育つ」というニュアンスがあるため、私には、的を射ていないように思えてならない。頭を休めるフェーズで起こっていることは、それまでに一生懸命熟考したものごとの一部を忘却したり、一部の関係性への留意を自然に解いたりするフェーズではないかと私は思うのだ。

先に紹介した美術館のデザインの事例で考えてみよう。初めて彫刻の庭のアイディアを思いついた時には、「駐車場、建物、小径との位置関係が一直線になるように」と着眼し、「美術館に入る前から来館者に楽しんでもらう」という解釈を行っていた。この四者関係とその解釈にいつまでも縛られていると、彫刻の庭の他の側面や、他の要素との関係性にはついぞ着眼できなくなる。

しかし、幸か不幸か、新しいデザインの考案にあたっては、様々な事柄に思いを馳せ、可能性を試し、ああでもないこうでもないと模索することを求められる。考えなければならないことが次から次に生まれて、過去にふと思い浮かんだことのすべてに留意しつづけることはできない。例えば、彫刻の庭と他の三つの要素の関係とそれに込める意味を考案したそばから、必然的に他のものごとが頭に去来し、そうこうしているうちに、彫刻の庭が他の三つの要素と関係を有するという意識が薄くなるかもしれない。

つまり、縛りが解けるということなのではないか。縛りが解けるからこそ、次に彫刻の庭に意識を当てた時、それまでには検討すらしなかった他の要素との関係性に「着眼」できるのではないか。先の例は、彫刻の庭を公道とのセットで着眼すること（近接性という知覚的特徴が目に飛び込んだこと）の割り込みが成功し、それを起点に全体のデザインコンセプトが大きな展開を見せたという事例である。孵化フェーズのプロセスの正体は、「縛りが解けて」それまでの「解釈」や「着眼」から自由になることだと思うのである。

鈴木・開が「制約緩和」と論じた現象に似ている。Tパズルのケースは、いわゆる小さなパズル問題なので、考えるべきものごとがそれほど多岐にわたらない。したがって、ある瞬間にふと意識に上った知覚的特徴への着眼を、「自然に解く」ことは結構難しい。一方、一般の問題は、知覚的特徴だけではなく意味・解釈もあわせて扱うという点で、Tパズルよりも複雑である。美術館のデザイン事例を見てもわかるように、知覚的特徴とそれに込める意味のセットは多岐にわたり、かなり複雑である。複雑な問題の方が、頭に去来する様々なものごとを考えるという要請から「縛りが解ける」可能性は高い。

別の言い方をするならば、クリエイティブな思考を論じるときには、Tパズル問題のような、知覚だけに特化したシンプルな領域を例にして論じるのではなく、あくまでも様々な知覚と解釈から成る一般の問題を事例にして論じる方が建設的ではないかと、私は考えている。

自然科学の方法論は、要素還元主義という探究手法を基本とする［中村 1992］。複雑な問題をいくつかの部分問題に分け、そういった分割を何層にも行い、分割された部分問題をできるだけシンプルなものにして各々を解くという方法である。実験心理学もその流れを汲んでいるため、クリエイティブの思考の真実に迫ろうとする時には、扱う事例としてできるだけシンプルなものを選択しがちである。

しかし、シンプルにしすぎたがゆえに、本質を逃してしまう可能性も大いにある。クリエイティブに関して私たちが知りたい知見は、決してパズルやゲームのような領域での知見ではないはずである。誰しもクリエイティブになりたいと願う時、自らの生活で生じる思考や行為においてクリエイティブになりたいのだ。

生活行為は、どんな些細な行為であっても、知覚的特徴への着眼だけで成立するなどということはない。常に、知覚的特徴への着眼とそれに込める意味解釈のセットで成り立っている。要素還元主義を全面的に否定する気はないが、少なくとも、クリエイティブを論じるときに、「着眼」と「解釈」をそれぞれ別の部分問題に分割すべきではない。

†曖昧図形の多様な解釈

複数の要素の関係性（例えば、駐車場、小径、美術館の入り口、彫刻の庭が「一直線に並んでいる」という位置関係）や、それに付与した意味（「小径を歩いているときから来館者は楽しい雰囲気に浸る」）を他ならぬ自分が考案しただけに、普通は、それに縛られてしまいがちである。しかし建築家は、縛られることなく、彫刻の庭を別の要素との関係で捉えなおすことができた。他の考えに浸っているうちに「自然に縛りがほどけた」だけなのだろうか？　私は、プロの建築家は「意図的に」縛りを解くスキルを体得しているのだと考えている。

少なくとも、過去に着眼した知覚的特徴の縛りから自由になるための知覚戦略（ものの見方）が存在することを示す研究を紹介しよう。

心理学には、曖昧な絵や図形を多様に解釈するという課題がある。図3-5のduck and rabbitという絵は有名である。左の二つの細長い要素をくちばしだと思えば「あひる」、それを耳だと思えば「うさぎ」に見える。多様解釈とは、一つの絵や図に様々な解釈を施すことである。くちばしや耳だと思うのが「解釈」、その部分要素の視覚的特徴に意識を当てることが「着眼」で、その両者に順序はなく、ほぼ同時に起こる。

この絵はあまりにも有名なので、多様な解釈を考案するときの気持ちは、学者たちにはもは

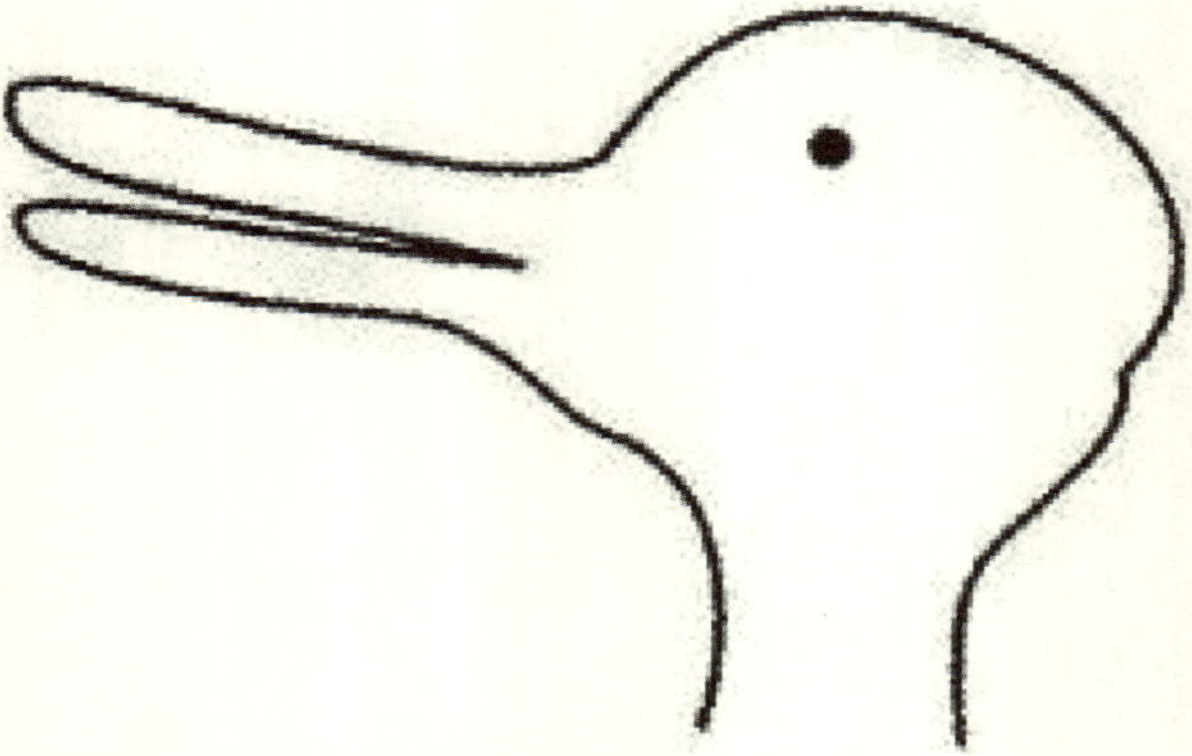

図3－5　曖昧な絵：duck and rabbit

やわからない。初めてこの絵を見て「あひる」だと思った人が、次の瞬間に「あ、うさぎにも見えるな」と思えたとしたら、それは「あひる」と認識するための知覚的特徴や解釈の縛りから解かれたのである。「うさぎ」と認識するときには、絵の右端にちょっとした凹みがあるという知覚的特徴に留意し、それに「口」という解釈を与えているのかもしれない。「あひる」と思っているときにはその凹みには必ずしも気づいていなかっただろうに。そうした新しい知覚的特徴に初めて留意できたとき、それまでの縛りから解かれる可能性は高い。

「あひる」だと認識しているときに、この凹みにすでに気づいていて、「このあひる、何者かに殴られて（もしくは頭をぶつけて）、可哀想に、後頭部が凹んでいるよ」なんて解釈をしていたとしたら、そう解釈したことが強い縛りとなって、「うさぎ」という新しい解釈が出にくくなるかもしれない。

†似た図形が左右に並ぶと「目」に見えてしまう

曖昧な絵や図の多様解釈は、着眼と解釈をリフレッシュすることを要求される課題である点で、デザイン事例と同じである（美術館の事例だけでなく、一般に、デザインという営みにはそれが要求される）。しかし、duck and rabbitを始めとする心理学で有名な絵は、誰でもたやすく気づける正解が二つある場合がほとんどであり、過去の気づきや解釈の縛りを乗り越えて「多様」に解釈するというほどの難しい課題ではない。

そこで、私は、誰もが気づくような優位な解答が存在しない、なんにでも解釈できそうな曖昧図形を自ら描き、実験参加者を集めて実験をしてみた。図3-6を見ていただきたい。

例えば、Drawing 2の中に何が見えるかを考えてほしい。課題を簡単にするために、「図の全体を解釈する必要はない。図の一部分だけに注目し、それが○○に見える」という解答でも構わないことにしよう。一つ解釈が見つかったらそれを即座に捨てて、次から次に新しい性質や関係性に着眼して、それに解釈を与えてほしい。

あなたは、一分間に何個解釈を生み出すことができるだろうか？　もし一〇個以上の解釈をひねり出せたとしたら、とても素晴らしい。後述するように、時間が経つにつれて、それまで

図３－６　曖昧図形

の解釈に縛られて新しい解釈が急に出なくなる。

例えば、Drawing 2の上に、「人」というような形とその周りを平たいU字形が囲んでいる部分図形が左右に二つ並んでいる。これに着眼して「メガネをかけた面白い顔」が見えると答える人は、私の実験でも非常に多かった。右側の部分図形の下に小さな丸が二つ左右に並んでいる部分が鼻に見えることも作用して、その付近が「顔」に見える。図の一部だけを解釈すればよいので、その右側に延びているジグザグのラインは無視してもよい。

図のほんの一部だけを解釈した極端なケースとして、左下にある九〇度に曲がった線分を「六角レンチ」と見立てた参加者もいた。「六角レンチ」に見立てることができた理由は、「ただ曲がっている」と見るのではなく、「曲がっている部分が尖っていなくて、丸みを帯びた曲がり方をしている」という性質に着眼できたからかもしれない。「ただ曲がっている」と見るよりも、かなり精細な見方ができている証なので、「六角レンチ」も十分クリエイティブな解答だと私は思う。

実は、この図を描いたとき、私はこの図を「バーテンダー」と命名した。読者のみなさんはこの中にバーテンダーを見ることができるだろうか？「え？　どこに？」多くの人がそう答えるかもしれない。

「人」というような形とその周りを平たいU字形が囲んでいる部分図形を、要素Aと呼ぼう。

要素Aが左右に二つ並んでいること、そして、既に私が「メガネをかけた面白い顔」という解釈に言及していることから、読者の方々は知らず知らずのうちに、そういう見方に縛られているのだ。全く同じ形のものが二つ並んでいるのを見ると（特に左右に並んでいると）、私たちはそれを「目」であると解釈してしまう傾向がある。

実験で検証したわけではないが、日常生活でそういう経験をした覚えはないだろうか？ 例えば、トイレに入っているときに壁紙をじっと見つめて、様々な模様の中に意識を浸らせていると、ある部分に生き物の顔が見えてくることがある。二つの似たような形が隣接していると、それを意識の中でグルーピングして（ペアにして）、解釈を与えるのだ。

高等動物の顔には目や鼻や耳など、ペアで存在している要素が多い。さらに、観察対象の顔を認識することは、生き物として自然な認知である。そういう理由から、似た形の並びをグルーピングして顔の一部分（特に目）と認識する傾向が人にはある。

だからこそ要素Aの並びはどうしても目に見えてしまい、一旦そういう認識をするとそれ以後の縛りになりやすい。要素Aの並びを常にペアとして認識して、「面白い顔」、「ゲームキャラクターの顔」、「おっさんの寝顔」などと、様々な解釈を生み出したとしても、「顔」からは逃れられない。

種明かしをすると、図3-6のDrawing 2は、要素Aをペアとしてみることを外したときに

「バーテンダー」が見えてくる。右側の要素Aと、その下に位置する二つの小さな丸、二つの小さな丸の下に位置するU字の集合を、「人の顔」と認識してみてほしい。先ほどまで「鼻」と認識していた二つの小さな丸は「目」、その下のU字が顎のラインである。右側の要素Aはおそらくコックさんが被っている帽子のようなものだろうか。

するとどうだろう、左側の要素Aは、カクテルグラスが逆さまに載っているトレイに見えないだろうか？　そして要素Aに延びて途中で九〇度曲がっている線は、この人の右腕である。顎のラインの下に垂直に延びている直線は制服の輪郭、そして縦に二つ並んでいる小さな丸は制服のボタン。もうバーテンダーの姿が浮かび上がってきたと思う。このバーテンダーは左手も少し斜め上方向に伸ばし、右足も前に突き出している。

†構成的知覚（Constructive Perception）

バーテンダーの事例は、自分が着眼している知覚的性質や関係性と、それに付与した解釈を自覚して、それを敢えて崩すような着眼をし直すことが、有効な知覚戦略であると示唆している。「ついつい、似たような図形はペアで見てしまうのだ」とか「要素Aが二つ並んでいるから、それをグルーピングして目に見えると解釈しているから、これが面白い顔に見えるんだよな」と自覚し、要素Aのグルーピングの意識を封印するという戦略である。

美術館のデザイン事例のケースでは、「これまでは彫刻の庭を、駐車場、小径、建物のエントランスロビーとの位置関係で見ていたけれど、その関係性への留意を意図的に外して、何か別のものとの位置関係がないかどうか検討してみよう！」と自覚できれば、彫刻の庭が公道に近いこと、また日光を遮るものが何もない南側の贅沢な位置にあることに気づけるかもしれない。

そうした関係性はスケッチの中に「すでに存在していて、見えている」のだから、改めて「意図的な留意」など、特別に論じる必要はないと思う方もいるかもしれない。いや、そんなに簡単ではない。「選択的注意」という概念について思い出してほしい。物理的に眼前に見えていても、「見ていない（注意を払っていない）」ことは山ほどある。それが人の知覚の一般的傾向なのだ。知らず知らずのうちに、その対象を認識した時の着眼と解釈に縛られて、「網膜には映っていても、注意を向けることができない」性質や関係性は眼前に無数に存在する。自分が選択的に注意を向けていたことを一旦解いて、再選択しなければならない。そのためには意図的な留意が必要なのだ。

意図的な留意に基づく新しい着眼／解釈のことを、私は構成的知覚（constructive perception）と呼んでいる［Suwa 2003b］。自分の知覚の仕方（着眼の仕方）がどのように構成されているかを自覚し、それを敢えて封印して、別の知覚の仕方を試みるという方法である。典型的な戦略としては、「今のグルーピングのやりかたを自覚して、別のグルーピングを試みる」とか、「これまで注目してこなかった形や大きさという属性に留意してみる」というものが挙げられるだろう。

Duck and rabbit の絵を、全体的に丸い形をしてその左に棒状の形が付いているという概略的な把握をしている場合には、右端の凹みは、注意を振り向ける対象として「選択外」だろう。そういった微妙な形（という属性）にも意図的に注意を向けるのだ。

グルーピングを組み替えるという知覚戦略は、パワフルである。Drawing 1でいくつかの解釈事例をあげよう。中央付近に半円形が左右に二つ並んでいるのをペアに見て「目」と解釈すると、全体が「顔」に見えてくる。最下部の三日月形は大きな顎だろうか。目の上の長方形は、「額に巻いたバンダナ」にも見える。その結び目が右端の小さな山形である。

二つの半円形の右側の縦に長い長方形と三日月形だけをグルーピングすれば、「帆船」が見える。

最上部の大きな半円形と、最下部の三日月形をグルーピングすれば、全体が「ハンバーガー」に見えてくる。その場合、中央部の二つの半円形と縦長の長方形は、形はどうでもよいのだが、「ハンバーガーの具」であろう。右側の小さな半円と正方形に近い長方形は、さしずめ「はみ出した具」だろうか。

バンダナに見えていた横長の長方形と、中央右側の縦長の長方形と、正方形に近い長方形と小さな山形をグルーピングすると、「ライフル」にも見える。中央部の半円形の一つは、「引き金」のパーツであろう。

最上部の大きな半円、その下の横長の長方形、右側の正方形に近い長方形、そしてその上の山側をグルーピングすると、「こんもりと積載したトラック」にも見える。「目」に見えていたペアの半円は「車輪」だろう。

†デザイナーは構成的知覚に長けている

各要素のグルーピングの仕方を変えたり、要素の形や大きさを意味あるものと見なしたり無視したりすることによって、様々な解釈を生み出すことができるのは、建築家のスケッチでも同じである。曖昧図形の多様解釈課題はそういう知覚戦略が有効に働く典型例ではあるが、その戦略は、実世界の一般の問題にも当てはまる。

スケッチには、実に様々な要素が描きこまれている。デザインは、一般に、多数の要素から成る全体性をつくりあげるタスクだが、デザイナーはその全体性を一気に生み出しはしない。部分的な関係性に着眼し解釈を与えることを、様々な部分で繰り返す。全体のあちらこちらに様々な関係性が芽生えてくる。ある関係性は別の関係性とは互いに矛盾する場合もあり、その場合には取捨選択をすることになる。部分的な関係性を生み出す作業を繰り返しているうちに、最終的には、一つ一つの要素は多重な関係性に組み込まれた状態になる。その積み重ねが全体性をつくりあげる。その点で、「構成的知覚」はデザイナーには必須の認知能力であろう。

そこで私は、曖昧図形の多様解釈課題のパフォーマンスを、プロのデザイナーとデザインを学ぶ学生で比較する実験をしてみた。[8] 図3-6の四つの図形を一つずつ与え、各々の図形について四分間、できるだけたくさんの解釈を生み出すことを求めた。四分間同じ図を見て次から次へと新しい解釈を出し続けるのは、想像以上に難しいものである。最初の一分は比較的苦労せずに新しい解釈が浮かぶ。しかし、次第に生み出す速度は激減し、特に後半の二分間は解釈が枯渇してしまうのが一般的傾向である。プロのデザイナーは、後半の二分間も新しい解釈を生み出し続けることができるのだろうか？

さて、もう一つ考えるべきことがある。もしプロのデザイナーが学生に比べて構成的知覚の能力が高いとしても、その理由は、必ずしも、デザインを職業としているから（デザインという行為は構成的知覚能力を求められるから）だとは限らない。デザイナーは学生に比べると年齢

8　心理学者のトバスキ教授（B. Tversky）との共同研究である［Suwa 2003a］。

表3-1　曖昧図形の多様解釈実験の参加者

グループ	参加人数	年齢
プロのデザイナー	23	32〜42歳
デザインを学ぶ学生	20	18〜24歳
デザイナーではない大人	27	32〜42歳
デザイン以外の学生	37	18〜24歳

が高い。年齢を重ね人生経験が豊富になると、自然に構成的知覚能力は高まるという可能性もある。

そこでこの実験では、四種類の人たちに参加してもらった。プロのデザイナー、同じ年齢層の（デザインを職業にしていない）大人、デザインを学ぶ学生、そしてデザイン領域以外の学生の四種類である。デザイナーとその他の大人の年齢層は三二歳から四二歳、学生の年齢層はいずれも一八歳から二四歳である。実験参加者の人数は、それぞれ二三名、二七名、二〇名、三七名である（表3-1を参照）。

図3-6の四つの図形を与えた順番はすべての実験参加者に共通で、Drawing 1—4—3—2の順とした。Drawing 1とDrawing 2は主に定規を当てて描いたような明確な線から成る図形、Drawing 3とDrawing 4はフリーハンドで描いたような自由曲線から成る図形として、意図的にそういう仕様で描いている。

表3－2　前半２分、後半２分に生成された解釈数（４図形の合算）の平均値と標準偏差：（　）内が標準偏差

グループ	前半２分	後半２分	合計
プロデザイナー	35.1（12.0）	23.3（11.3）	58.4（22.6）
デザイン学生	27.1（7.3）	16.0（6.3）	43.1（12.6）
大人	24.5（9.6）	13.2（7.5）	37.7（16.4）
デザイン以外の学生	17.5（7.3）	10.0（4.9）	27.5（11.8）

Drawing 1とDrawing 3は、閉じた領域の集まりとしての図形であり、一方、Drawing 2とDrawing 4は、線が閉じていない要素も多数含む図形である。つまり、この四図形は、線の属性、図形要素が閉じているか否かの組み合わせで、二×二通りのすべてを網羅している。図形の性質により多様な解釈が容易なものと難しいものがあるかもしれないという危惧から、四種類のバラエティがある図形を用意したのである。

全一〇七名の実験参加者が生み出した各図形の解釈数の合計は、Drawing 1から順番に、四六三個、四三一個、四八七個、五〇八個であった。多少の差はあるものの、統計的には有意な差はないという結果である。図形による多様な解釈の難しさに差はないようだ。したがって、これ以降の分析では、各図形の解釈数ではなく、四つの図形の解釈数の合算で、実験参加者グループの比較を行った。

表3-3　4図形の全解釈数のグループ間比較（t値）（** 印、*** 印は、各々、有意水準が0.01、0.005より小さいことを表す）

グループ	デザイン学生	大人	デザイン以外の学生
プロデザイナー	2.82 ***	3.40 ***	5.90 ***
デザイン学生		1.24	5.09 ***
大人			2.47**

表3-2は、実験参加者の四つのグループごとに、一人の人が、前半二分に生成した解釈数、後半二分に生成した解釈数、合計の全解釈数の、平均値と標準偏差値の一覧である（四図形でそれぞれ生成した解釈数の合算の値）。前半後半ともに、したがって四分間の合計解釈数も、圧倒的にプロのデザイナーが抜きん出て多い。

表3-3には、四分間の合計解釈数のグループ間比較の統計的検定の結果を示している。プロのデザイナーは、他のすべてのグループより解釈数が多い。デザインを学ぶ学生と大人は、いずれも、デザイン以外の学生よりも解釈数が多い。デザインを学ぶ学生と大人には差は見られなかった。

プロのデザイナーは多様解釈が得意である、つまり、「構成的知覚」の能力が高いということを示している。デザインを学ぶ学生とデザイン以外の学生の比較から、デザインするという行為には構成的知覚能力が深く関わっていることも示唆される。また、デザイン以外の職業についている大人とデザイン以外の

表3-4　後半2分の、前半2分に対する割合——平均値と標準偏差：（　）内が標準偏差

グループ	割合
プロデザイナー	0.641（0.162）
デザイン学生	0.591（0.150）
大人	0.530（0.190）
デザイン以外の学生	0.577（0.180）

学生の比較から、デザインを学んでいなくても、年齢を重ねれば構成的知覚能力が少々高くなることも示唆される。

表3-4は、前半二分から後半二分への解釈生成数の減衰率である。四分も続けていると解釈が枯渇するのが一般的傾向であるとして、果たしてプロのデザイナーはそれについても他のグループより優っているのだろうか？ 減衰の程度は、プロのデザイナーは他の三グループよりも少なく（後半二分の、前半二分に対する割合の値が大きい）、デザイン以外の職業の大人が最も減衰の程度が大きい。しかし、値にそれほどの差は見られない。

表3-5がその統計的検定結果である。プロのデザイナーとデザイン以外の職業の大人にかろうじて有意な差が見られるだけで、それ以外に統計的に有意な差はなかった。プロのデザイナーといえども、後半も前半と同じように解釈を生成し続けられるというわけではないことを示唆している。

表3－5　後半2分の前半2分に対する割合のグループ間比較（t値）
（*印は、有意水準が0.05より小さいことを表す）

グループ	デザイン学生	大人	デザインではない学生
プロデザイナー	1.14	2.06 *	1.44
デザイン学生		1.19	0.34
大人			0.91

以上の結果を総合すると、構成的知覚という認知は、デザインというクリエイティブな職業と大いに関係があること、そして年齢を重ねるとその認知能力が高まる可能性もあることが示唆された。

構成的知覚を成り立たせるような、常に着眼と解釈をリフレッシュする認知能力は、「身体知」であると論じることが、本書の目的の一つである。身体知とは、情報の処理の仕方や自分の行動の仕方を「知識」として理解していることではなく、身体の発露として生じる知のことを指す。

身体知であるとするならば、構成的知覚の能力を教育する仕方もそれほど容易くはないはずだ。有効に働く知覚戦略や解釈戦略という形で知識を教え込むことだけでは事足らないからである。教育の仕方についての論考も、後の章で展開する。

第4章 お笑い芸人も長けている

†比喩の重要性

お笑い芸人、ダウンタウンの松本人志さん（以下敬称略）は、相方の浜田雅功さんに相対するときはボケ専門であるが、若手芸人に対してはツッコミを入れることも多い。彼は、ツッコミに比喩を多用する（お笑いの世界では「喩えツッコミ」と称する）。

比喩（アナロジー）とは、表現したい対象のものごと（Aとしよう）を別のものごと（Bとしよう）で喩えることによって、Bが持つ典型的な性質でAを形容するという行為だ。普通Aのことを考えたときには思い浮かばないようなAの側面を、Bを利用して顕在化することに価値がある。

人工知能や認知科学の研究分野で一九八〇年代にアナロジーの研究が精力的に行われ、そこで得られた知見の一つは、Bを想起するメカニズムが謎に満ちていることであった。したがってアナロジー研究はその後あまり開花しなかった。Aの話をしているときに、一見関係のないBを持ってきてAのある側面を顕在化するという意味で、第1章で述べたメンタルリープの一種と捉えてもよい。

どうやってBに跳ぶ（リープする）のだろうか？　跳ぶときには、何らかの着眼と解釈が為されているのだから、結果的にはAが内包するマイナーな側面への着眼があったはずだ、という説明は成り立つ。しかし第3章でも論じたように、Aのある側面に着眼することと、跳ぶ先のBを見つけることは同時であり、それを実行するための行動原理は、アナロジー研究者にも未だ謎である。

†松本人志の「喩えツッコミ」

ダウンタウンが司会を務める番組で、松本人志が「喩えツッコミ」をした事例を一つ紹介しよう。ゲストは若手の女芸人二人組で、ともに、太った体型で愛嬌溢れる明るさを売りに、大人気を博している。彼女たちがなんと、最近グラビアの仕事をしたというのである。「なんでやねん」と一同が目を丸くするなか、更に「雑誌の袋とじページなんです」という事実が明かされる。

そこで、松本が一言。困った表情をつくりながら、「なんやもう、卵とじにしてほしいわ！」[9]。グラビアといえばプロポーションのよいタレントが定番であるのに、よりによってなぜ彼女たちが⁉ ああ、見たくない！ と、女芸人にツッコミを入れるために、卵とじというB（跳ぶ先）を選択したわけである。卵とじをBとして選択することによって顕在化した性質は、「グチャグチャで、何が何だかわからなく入り混じった状態」であり、卵でとじて「写真を見えなくしてほしい」という含意を表現している。

†スキーマ理論——理解するとはどういうことか

この喩えツッコミを「補助線を引く」という行為で説明してみると、こうなる。袋とじの「とじ」という言葉を糸口にして「卵とじ」を連想し、「卵」という新しい補助線要素が足されることになった。

---

9 私が番組を見た時の記憶で書いているので、一言一句再現はしていない。

初等幾何学の、補助線問題の事例を思い出してほしい。補助線を引く（連想する）ことができるのは、幾何学の世界でよく使われる「図形の塊」を、知識として有しているからである。問題として与えられた図形の一部に着眼して、その図形の塊を連想する。そしてその図形の塊に成り立つ性質を元の問題に持ち込んで顕在化させる。

松本が着眼したのは「とじ」という文言、図形の塊に相当するのが「卵とじ」、そして顕在化した性質が「グチャグチャで、何が何だかわからなく入り混じった状態で、何も見えない」である。

人工知能や認知科学の世界では、「図形の塊」を、より一般化してスキーマ（schema）と称する。「一連の関連する知識の塊」を意味する専門用語である。例えば、レストランに行くと何が起こるかということは誰でも知っている。店員が出てきて、席に案内され、メニューを渡されて、食べたいものを注文して、食べて、料金を支払って、店を出る。その一連の行為を、関連する行為の塊（「レストラン・スキーマ」と呼ぼう）として知っているというわけだ。

野球の世界にもスキーマはたくさんある。例えば、「二塁にランナーを進めれば、そのランナーの足が遅くなくて外野手が強肩揃いでなければ、一本のヒットで得点できる可能性が高い」は、多くの野球ファンが知っているスキーマである。そこで、「ノーアウトもしくはワンアウトでランナーが一塁に出たら、次打者は送りバントをして、とにかくランナーを二塁に進める」という戦術（これも一つのスキーマ）も生まれるのだ。

「ノーアウトもしくはワンアウトで三塁に走者がいるときには、ヒットではなく外野フライでも、浅いフライでない限り、三塁ランナーのタッチアップで得点できる」もよく知られているスキーマである。したがって、「ノーアウトもしくはワンアウトで三塁に走者」の状況をつくるために、「足の速いランナーが二塁にいて、左ピッチャーの時には、二塁ランナーに盗塁させる」という戦術（一つのスキーマ）も生まれるのだ。

また、「一塁に走者がいれば、ヒットエンドラン（塁上のランナーが走るとともに打者が打つ）を仕掛けて、もしヒットになれば一塁ランナーは三塁まで進塁できる」という戦術（スキーマ）も有効になる。

スキーマとは、当該領域で頻出する典型的な一連の行為のパターンであると考えればよい。スキーマ理論は、「ものごとを理解する」とはどういうことかを説明するものでもある。大人になれば、無数のスキーマを知識として持っている。現実世界で遭遇する様々な現象を、自分がすでに保有しているスキーマの重ね合わせで表現できたら「その現象を理解できた」と納得する。

野球選手は、出場した試合の全てのプレーを事細かに記憶しているものである。野球経験がない観客やファンからすれば、「なぜあんなに記憶できるのか？」と驚嘆するかもしれないが、当の選手たちはいたって普通に記憶している。それは記憶力が良いからではなく、数々のスキーマの重ね合わせで試合全体を認識しているからなのだ。個々のプレーを単独に切り出して、その順番を一から順に憶えるのに比べると、憶えなければならないことは随分少ない。

スキーマの重ね合わせで現象を理解するということは、実は補助線を引く行為でもある。遭遇する現象に内包された何らかの性質に着眼し、それを含むスキーマを連想し、顕在化されていない要素を補填する。遭遇した現象に含まれていたその性質がそこに存在していたのはなぜなのかを、そのスキーマで「説明する」ことになる。一つのスキーマの適用だけでは、一般に、遭遇した現象の全ての性質を「説明」できない。そこで、連鎖的に複数個のスキーマを適用して全てを「説明」し尽くした時、その現象全体が「理解できた」となるのである。

松本人志の喩えツッコミも、女芸人のグラビア袋とじという現象を、卵とじのスキーマに当てはめて理解しようとしたわけである。「グチャグチャに何もかもが入り混じって、よく見えない」という卵とじの性質を女芸人のグラビアに当てはめた時に、「見たくない」という感情が上手く「説明されて」、その喩えツッコミが「理解できる」ようになる。ツッコミは基本的に、理解できて初めて機能する。

†ボケるという行為

ツッコミの反対は、「ボケ」である。二人組の漫才はツッコミ担当とボケ担当に分かれていることが多い。私が好きな漫才師、サンドイッチマンの場合、伊達みきおさんがツッコミ担当、富澤たけしさんがボケ担当である（以下敬称略）。彼らの寿司屋のネタを例にあげて、ボケという行為の成り立ち方を説明してみよう。伊達がお客さんとして、富澤が大将の寿司屋に入ってくる。

伊達「あ〜、寿司屋だ、だんだん興奮してきたな」（ガラガラと戸を開けて店に入る）
富澤「へいへいへいへい、へい、らっしゃい！」
伊達「少年野球か?!」

（爆笑）

ネタの最初からいきなり、富澤のボケで始まる。ツッコミ役の伊達と、このコントの観客は、「寿司屋スキーマ」を共有している。寿司屋に入ると、まず、大将を始め、カウンターの内側に立つ職人たちから「いらっしゃい！」という威勢の良い掛け声がかかる。これが寿司屋にお決まりのパターンであり、大人はみなそういうスキーマを持っている。

そこで「へいへいへいへい、へい」という、お決まりのパターンから外れた掛け声を富澤が発する。サンドイッチマンの面白さは、富澤がお決まりのパターンからずれたボケ発言を繰り出し、伊達がその都度軽くツッコむのだが、富澤が意に介せずボケを連発して話が進んでいく点にある。「へい、らっしゃい！」ならばお決まりのパターンなのに、「へい」をなんども繰り返すから少年野球っぽくなる。

「少年野球か！」という伊達のツッコミは、「へい、らっしゃい！」という常識的な寿司屋スキーマからの富澤のずれを、「そんな寿司屋あるかよ！」と指摘するとともに、少年野球ではそういう掛け声が多いという少年野球スキーマで「説明」することで、観客の理解・納得を得る。先にも述べたが、ツッコミは観客に即座に理解・納得されてなんぼである。

そのツッコミを富澤は完全に無視し、すぐ次なるボケをかます。

富澤「何様《なにさま》ですか」
伊達「何名様ですか、だろ！」

飲食店（レストラン）に入った時にはまず、店員が丁重に人数を確認するという「レストランスキーマ」を観客が共有していることを基にして、このボケが機能する。「何名様ですか」というべきところを、「何様ですか」と、丁重さとは真逆の応答を繰り出す。「何名様ですか、だろ！」という間髪入れない伊達のツッコミが、観客にレストランスキーマの存在を示唆し、本来なら起こるべき状況への理解を促すとともに、そこからのずれを強調する。

このように、ツッコミ担当は、あるスキーマの存在を観客に示して状況の理解を促すとともに、ボケ担当の発言がそこからずれていることを強調して、笑いを誘う。

さらに、ボケ方はなんでも良いわけではなく、そこに別のスキーマが共存しなければならない。「何様」は、相手の非礼に対して憤りを感じた状況のスキーマによく登場する非難めいた発言である。寿司屋の大将が来店した客に丁重に挨拶をすべき場面で、それとは真逆の「憤りのスキーマ」が示され、さらに、「何様」という非難語を「ですか」という丁寧口調と合わせるから、その組み合わせが面白い。

本来ならば生じるはずのスキーマ（「何名様ですか」）と、少々ずれたスキーマ（「何様ですか」）には共通項（何…様）があることは言うまでもない。共通項があるからそれが着眼となって、前者から後者へのリープが生まれる。

「へいへいへいへい」も「何様」もクリエイティブな跳びである。「へいへいへいへい」の場合、本来起こるべき「へい、らっしゃい！」の「へい」への着眼と、新しいスキーマ「少年野球」への連想が同時に生じ、「寿司屋」と「少年野球」のずれが面白い。しかし全く異質なものではなく、ともに「威勢が良い」点で共通している。ただ、その共通性はこうやって示されないと普通は思いつかない。

「何様」の場合、本来起こるべき「何名様ですか」の「何…様」への着眼が、新しいスキーマ「相手の非礼に対する憤り」への連想が同時に生じ、「丁重な挨拶」と「相手の非礼に対する憤り」の対極的関係が最高に面白い。この対極関係も、芸人に示されて初めて「ははん」と理解できる。

漫才のボケとツッコミの構造は、スキーマ理論で一応の説明はできる。しかし肝心要の「ずれや対極的関係の質」は、いかにして生み出すのか？　どうすれば、「少年野球」スキーマや「相手の非礼に対する憤り」スキーマを使おうと発想できるのか？　比喩の構造に話を戻すならば、如何にしてBへのリープを発想できるのか？　これまでの学問は、この問いに答えられない。現実は小説より奇なり。芸人たちのクリエイティブ能力は、常に学問理論を超えている。

†羽生善治「良い手が二つ三つ見える」

トップ棋士の羽生善治さんは、次の一手を選ぶときに、良い手が二つ三つだけ見えると述べている。将棋の研究で有名な伊藤毅志氏と松原仁氏のインタビューから、羽生氏の言葉を引用しよう。

簡単に言うと、カメラだってフォーカスを絞るようなもので、最初にたぶんこの二つ三つだろうというふうに、最初の段階でかなり手を限ってしまうんです。さっき話に出ましたけど、可能性で平均80通りぐらいあるわけですから、その80通りを全部考えていたらほんとにいくら時間があってもきりがないんで、（中略）その中で、自分の一番直観で良さそうな手から読みを深めていくという感じなんですよね。［諏訪他 2015, p.93］

将棋の次の一手を選択する行為も、スキーマ理論で説明することはできる。棋士は現在の盤面から次の一手だけを切り出して考えているわけではなく、その一手に付随して関連してくることをまとまりにして考えているはずであろう。その一手で新たに生まれた盤面（駒の配置パタン）で成立する諸々のことを、典型的な駒の配置パタン（一種のスキーマ）の重ね合わせで認識しているのである。

つまり、次の一手を決めるということは、どのスキーマを想起するかということに等しい。それは、野球の監督が、現在のアウトカウント、走者がどの塁にいるか、塁上の走者の特徴（足は速いかどうか）、打者の特徴、相手野手の特徴などを踏まえて次の一手（戦術）を決めることが、あるスキーマを適用することに等しいのと同様である。[10]

このように、次の一手の選択は特定スキーマの適用で説明はできるが、羽生氏の発言は、単なるスキーマ適用以上のことを物語っている。「自分が思いつける数々のスキーマを適用した状況を一つずつ想像し、各々の新たな盤面は自分にとって有利なものかどうかを評価し、最も有利な状況になるような次の一手を（スキーマの適用を）選択する」という行為では、決してないということだ。

適用を想像しては評価し、最も評価の高いものを選ぶという戦術を、人工知能の世界では「生成と検証（generate and test）」戦略という。「八〇通りの全てを考えるわけではない」という発言から、羽生氏がやっていることが「生成と検証」ではないことは明白である。

†知識を適用して発想するのではない

「良い手だけが二つ三つ見えてくる」ということは、八〇通りの多くは初期段階で既に見えない（深く考えることなく捨て去る）ということだ。芸人の喩えツッコミやボケも同じだろう。面白い喩えツッコミやボケが少数個だけ意識に浮かび上がってきて、その中から最も直観に合うものを選んで即座に繰り出すのだ。

知識を適用する、知識の塊であるスキーマを適用するというメカニズムでは、この行動は決して説明できない。そもそも知識の適用という仕組みは、二〇世紀半ばにコンピュータが誕生したことと時を同じくして生まれた「情報処理モデル」という思想に基づいている。

コンピュータは、知識を蓄えるハードディスク、中央処理機構、情報を処理する場としてのメインメモリを持つ。現在成立している情報をメインメモリに一時的に置き、ハードディスクに蓄えた知識を適用して、メインメモリの情報を書き換えたり、新たに成り立つと想定できる情報を追加したりして、メインメモリの状態を更新する。このプロセスを繰り返せば、情報が次々に処理されていく。これが情報処理モデルである。

そして人間の思考プロセスも、「知識を適用して情報を処理する」ことだというモデル化が、現在の人工知能研究の大前提にある。しかし、羽生氏の発言や、お笑い芸人たちの面白いボケやツッコミを見る限り、情報処理モデルではクリエイティブな行為を説明できないことは明らかなのだ。

良さそうな次の一手が、面白いボケやツッコミが、二つ三つだけ浮かび上がってくる。もし、あくまでも情報処理モデルに基づいてこの行為を達成しようとすると、現在の状況（メインメモリの状態）に適用可能な数ある知識やスキーマの中から、「事前に」少数のものだけを選び出すプロセスが要る。「事前に」とは、適用可能なすべての知識を適用して生まれる新たな状

10　ただし、野球に比べて、将棋は次の一手の選択肢が遥かに多いであろう。

況を想像して、その良さや面白さを評価[11]してからふるいおとすということではない。「事前に」それをやるためには、適用可能な数ある知識やスキーマの中から二つ三つだけに絞り込むための「メタ知識」を用意せねばならないことになる。情報処理モデルにおいて「処理」を行う仕組みは、記憶に（ハードディスクに）蓄えられた知識以外にはないのだから。しかし、無数な状況をあらかじめ想定して、知識の適用を絞り込むためのメタ知識を各々の状況ごとに定義しておくことなど可能であるはずがない。

本書の主題であるクリエイティブという能力がまだ多くの謎に包まれていることの本質は、まさにこの点にある。クリエイティブな営為の身近な事例を挙げるだけで、これまでの学問理論は全く歯が立たない。

では、果たしてお笑い芸人や棋士は何をしているのだろうか？　次章で、私の仮説を述べてみたい。

11　状況の良さや面白さを評価するためには何らかの評価関数を用意しておくことになるが、そもそもそういった評価関数を定義すること自体難しい。

第5章 クリエイティブの源——身体を入れ込み世界に触れる

†身体を没入させる

羽生氏の次の一手にしても、お笑い芸人の喩えツッコミやボケの技にしても、知識やスキーマを適用して発想するのではないならば、彼らはどのようにしてその発想を得ているのか？この章で、一つ仮説を提案してみたい。

結論から言うならば、世界に身体を没入させて世界に触れるという心的状態になることで、身体の発露で何らかの着眼点を見出し、発想の候補が少数だけ浮かび上がるということではないかと考えている。

あたかも身体で世界に「触れるように接する」ことで着眼点を得ると、その着眼点を内包するスキーマだけが顕在化してくる。したがって、現在の状況で適用可能な全てのスキーマを列挙して、一つずつ試して評価する（第4章で述べた「生成と検証」戦略）ことに比べて、浮かび上がる発想の数が少なくなる。

「身体を世界に没入させて世界に触れる」は比喩だけれども、後述の事例を読んでいただければ理解できると思う。本章では、私がこの仮説を抱くに至った考えの軌跡を示す。

†大喜利をやってみた

マッチ売りの少女の絵が描かれていて、「か」の絵札の面白い読み方を考案するという大喜利の事例（第1章で解説）を思い出してほしい。お笑い芸人ネプチューンの堀内健さんの、「悲しい落語でごめんなさい」の素晴らしさに感動すら覚えたと書いた。

どのように考えたら、そのような素晴らしい発想を得られるのか？　それについて仮説を得るためには、自ら大喜利をやってみて、七転八倒するしかないと私は考えた。そこで研究室の学生を巻き込んでFacebookのグループを作成し、一〜二週間、みなで大喜利をやり続けた。「マッチ売りの少女「か」の絵札の読み方を考えなさい」を含む、過去のIPPONグランプリで登場した三つのお題を、我々のお題とした。

この期間は少なくとも二、三日に一度の頻度で、しかも、やり始めたら必ず三〇分以上は集中して考案し続けることを、私自身に課し、学生にもそうアドバイスした。誰も芸人ではない（素人である）のだから、頭に浮かぶ解答案は駄作ばかりになることは想定済みだったが、駄作のオンパレードにめげず、とにかく考案し続けよう。集中して三〇分以上続けていれば、ふと思考モードが切り替わり、少しはマシな発想が出てくることもあるかもしれない。

そんな瞬間に運良く遭遇できたなら、そのとき自分が何をやったか、どんな思考モードになっているかを即座に感じることができるのではないか？　すると、大喜利の発想の仕方について仮説めいたものが得られるかもしれない。楽観が過ぎるかもしれないが、そういう心持ちで自ら大喜利をつくるという習慣に身を投じてみたのである。

参加する学生たちとFacebookのグループをつくった第一の理由は、他者の解答からヒントを得て、何か発想の種が見つかるケースに遭遇することもあるだろうと考えたからである。そして第二の理由は（実はこちらの理由の方がより重要な可能性もあるのだが）、どの時間帯にやるのかをあらかじめ打ち合わせはしないが、誰かがやり始めると自分もやってみようかという気になり、グループが臨場感あふれる場になるかもしれないということであった。

†やはり駄作のオンパレード

この試行中に、私の認知に何が生じたかを紹介したい。想像した通り、最初は駄作しか思いつかない。ワンパターン、作為的、ありきたり。そんな批評が目に浮かぶようだった。そんな駄作でも、とにかくFacebookに投稿し続けた。少し驚いたことは、三〇分という時間はすぐ過ぎ去るということ、そして、やり始めたら一時間近く集中して考えることがそれほど苦ではなかったということだ。

お恥ずかしいが、駄作のいくつかを紹介しよう。

「カモが来るまでの辛抱」

「母さんそこまでしなくても」

「蟹の季節ですよ〜」

いずれも、初日にすぐ生まれた解答である。発想の方向性を「頭で」考えたものばかりだなあと、解答を出すと同時に自覚していたことを憶えている。

マッチ売りの少女の一般的な印象である、「可哀想」「過酷」「貧乏」「健気」とは相容れない別の側面を読むのがよいに違いない。では、ダークなマッチ売りの少女にしてみるか。「カモが来るまでの辛抱」はそうやって生まれた。

必ずしも少女が発する内容を、読み言葉にしなくてもいいのだよな。向こうを歩いている大人と男の子（典型的には親子）のどちらかに読ませよう。マッチを売っている女性は、少女というよりもかなりの妙齢で男の子の母親という設定にしてみるか。「母さんそこまでしなくても」は、そうやって生まれた。

売っているのはマッチだ、という先入観を外そう。冬だし、蟹なんだよ、実は。というわけで「蟹の季節ですよ〜」。

別の側面を顕在化させる、本人以外にしゃべらせる、先入観を壊すなどなど。第1章以来、クリエイティブに考えることと「思考の枠を外して、飛びだすこと」の関連性を論じてきたことよろしく、まさに「頭で」枠を外すことばかり考えた解答である。

つまらない。枠を外そうと打算に走っている。自らダメ出しをしながら、それでもめげずに次なる解答を考えていた。

「思考の枠を外そう」とすることが素晴らしい発想を生む、のではない。素晴らしい発想が生まれている時には、自然に枠が外れているだけなのだ。前者は、クリエイティブであるということを因果関係法則で安易に捉えるメンタリティである。誰しもつい、そういう安易さに陥ってしまいがちだが、クリエイティブという現象はそんなに「安い」ものではない。これこれこうすれば上手くいく、などという金科玉条があるはずがない。

図5－1　大喜利ネタ——マッチ売りの少女、「か」の読み札（再掲）

安易なメンタリティの行く末は、「思考の枠さえうまく外せば発想が得られる」、「では、思考の枠ってどう外せばよいのか？」、「普通注目するであろう側面とは異なる、別の側面をあぶりだそうか」、「先入観を壊す方向で考えようか」……が関の山である。先に紹介した三つの駄作は、まさにその思考回路にはまり込んでいた。

†少し思考モードが変わり始めた

初日の、始めてから二五分くらい経過した時である。

「カレー食べてきたから、平気やねん！」が出てきた。

なぜか、カレーという単語が不意に浮かんだのだ。「平気やねん！」は、寒い夜なのだけれどそれほどつらくはないと表現している。しかし、なぜカレーか？　唐突で、カレーである必然性はない。図5-1の絵で大きな面積を占める「黄色」[12]が引き金になったのか？　それにしても全く非論理的である。「カレーが好きなことなんか、聞いてないよ！」という批判が聞こえそうである。

しかし、先の三つの駄作に比べると、何かが変わり始めた感触があった。唐突さ、必然性のなさ、極寒という極限状態に比べて、あまりにも平穏に聞こえる「カレー」という単語の意外さ。「頭で」考えていたのでは、こういう必然性のなさや意外性は生まれないのかもしれない。うっすらとそう考えたことも憶えている。今から考えると、「頭ではなく身体の発露で」考えるモードに入りつつあったのかもしれない。

マッチ売りの少女の常識的な印象である「可哀想」「過酷」「貧乏」「健気」を意図的に裏切ろうとして、「意外に平気であること」、「カレーを食べるだけのお金を持っていること」を盛り込んだわけではない。あくまでもカレーという単語がまず浮かび、その結果として、「過酷」や「貧乏」を裏切る解答になっていたことが重要なポイントである。この解答もまだ駄作で、私自身面白いとは思わないが、「頭」で枠を外そうと考えることからは脱しはじめていた

12　図5-1は、元はカラー画像である。絵札の周囲、「このかるたの……」の背景が薄い黄色であった。

のではないか。

†身体を没入させる思考モード

マッチ売りの少女以外の二つのお題にも並行して取り組みつつも、一週間くらい経った日の午後のことである。その日は最初から少しモードが違っていた。


「風邪も吹き飛ばす！　黒にんにくの力っ！」

「かいつまんで言いますと……しもやけ通り過ぎて凍傷です」

「貸してください！　あなたの帽子を」

「貸してください！　あなたのコートを」

「貸してください！　あなたの愛情を」

「かるたをする気力もありません」

七、八分の間に立て続けに、これらの、シリーズ的とも言える解答が浮かんできた。
マッチ売りの少女が寒さの中に辛抱強く座っていることを、外部から観察して言葉で表現したのではない。私自身がこの寒風吹きすさぶ世界にマッチ売りとなって入り込み、この世界にあたかも「身体で触れた」かのように、そのときの体感をまざまざと想像することで、身体と感情の発露としてこの言葉群を発しはじめたのだ。

この世界に入りこんだからこそ、道行く人にマッチを売ろうとするだけではなく、寒さを防ぐ着衣を貸してほしくなった。身体からの欲求であり、頭が考えた言葉ではない。「帽子を貸してください」と、まずは控えめに始まるが、次第に厚かましくなり「コートを貸してくれ」となる。そして、あろうことか最後は「愛情までも貸してくれ」と！[13]

「かるたをする気力もありません」も、世界に身体を没入させていたからこそ生まれた解答であると感じる。かるたの読み札を一生懸命考えている私と、絵の中の少女が同一化したからこ

13　より詳細に分析するならば、「次第に程度の激しさを増す」というのは関西系のお笑いの常套手段ではないかと私は思っている。帽子から始まって、コート、そして愛情へ、というのはその典型例である。「愛情」のような、もはや物理的ではないことを借り受けることで寒さを脱するという「程度の激しさの増し方」で、最後にオチをつけているのだ。

関西系の常套手段というのは、果たして「頭で」考えたことだろうか、それとも「身体から」発したことだろうか？　私は後者であると考えている。関西に生まれ育って、そういうお笑いの事例をたくさん見聞きしてきたからこそ、そういう展開の仕方が身体に染み付いている。それが、この瞬間に「貸してください」三連発として出現した。マッチ売りの少女の状況を身体で感じていたからこそ、そういう関西系常套手段のスイッチが入ったのであろう。

そ、絵の中の少女がこの読みを口にした。論理的に考えれば、マッチ売りの少女の発する言葉として「かるたをする」はナンセンスである。一方、「気力もありません」は、この世界に居るものの心情としては矛盾がない。

読み札を考案している私とこの絵の中にいる少女が同一化したという面白い現象が生じたからには、もはや論理的なナンセンスさはどうでもよい。そんな心境で生まれた「読み」だった。しかし、この一連の「読み」は、頭で考えた当初のものに比べるとなかなか面白いとは思うものの、まだ傑作といえるほどではないと自分では評価していた。

†そして生まれた傑作

「貸してください」シリーズが出現した四分後に私にとってなかなかと思える傑作が生まれた。

「金、家族、会社、彼氏。「か」のつくものは全て失いました」

我ながら「やった！」と思った一瞬である。この日大喜利をやり始めてから一五分が経過していた。完全に身体を絵の世界に没入させ、身体で世界に触れ、私と少女が意識の中で同一化して、これを口走る感情が芽生えてきたのだ。マッチを売ろうとして発した言葉でもない。読み手としての（絵の外側にいる）私が、自虐的な言葉にしてやろうと打算に走ったわけでもない。この解答を書きながら、笑いがふつふつとこみ上げていた。

「どうしてこの寒風のもと、大してお金にもならないマッチを売っているのか」、「思えば、いろいろなことがあったなあ」、「お金も逃げていった」、「家族にも見放された」。網膜には地面が映っているが、意識は別の世界へ、人生が暗転していった展開をしみじみ振り返っている。その結果、自虐的とも取れる、もしくは言葉は強烈だが意外にサバサバとした心持ちとも取れる読みが生まれた。

短い読みの中に、人生の来し方に思いを馳せる内容が入ったことから、外部的評価者の眼には、「物語性を感じさせる読み」であると映るのかもしれない。確かに、大喜利にせよコントにせよ、背後にリアルな物語を想起させるものは面白いという評価は、他の大喜利番組やIPPONグランプリのようなコンテストで、評価役をする大御所芸人の弁として聞いたことはある。

しかし、重要なのは、「物語性を埋めこもう」と画策してこの解答が生まれたわけではないという点だ。「物語性を埋めこもう」という戦略的思考回路は、先に述べた「枠を外そう」とする意図と同様に、安易である。そんな安易に物語性は生まれないし、クリエイティブな解答は生まれない。

生きていく上で失っては本当に困るものとして、お金、家族、働き口（会社）を順に、身体から生まれた言葉として発したわけだが、全て「か」で始まっていることの偶然に私が気づいたのは、「会社」を口走った辺りである。それに気づいてからもう一つ「彼氏」を付け加えた。「彼氏も確かに失いたくないものだけど、やはり「か」で始まるじゃない！」と驚きを隠せないでいた。そして「「か」のつくものは全て」という修飾語句を付け加えることになった。

つまり、多くの大切なものを「失った」ということと、失ったものの最初の三つのアイディアは、身体の発露として生まれてきたのであるが、「彼氏」と「「か」のつくものは全て」という部分は「頭」で付け加えたものである。しかし重要なのは、「頭で考えた」のはあくまでも途中からであり、解答の面白さを増幅させるためであるということだ。この「頭」の使用は、羽生氏が次の一手として二つ三つの少数手だけが脳裏に浮かび、その後、吟味をして一つの手を選ぶというフェーズに相当するものだろう。

†身体で世界に触る事例——建築家のスケッチ

プロの建築家に美術館の基本コンセプトを立案してもらったデザイン実験を思い出してほしい（図5-2　該当するスケッチを再掲）。駐車場（図中の赤い点線領域A）で車を降りて美術館の入り口まで歩いてくる動線上（赤線B）で、（まだ美術館には入っていないにもかかわらず）来館

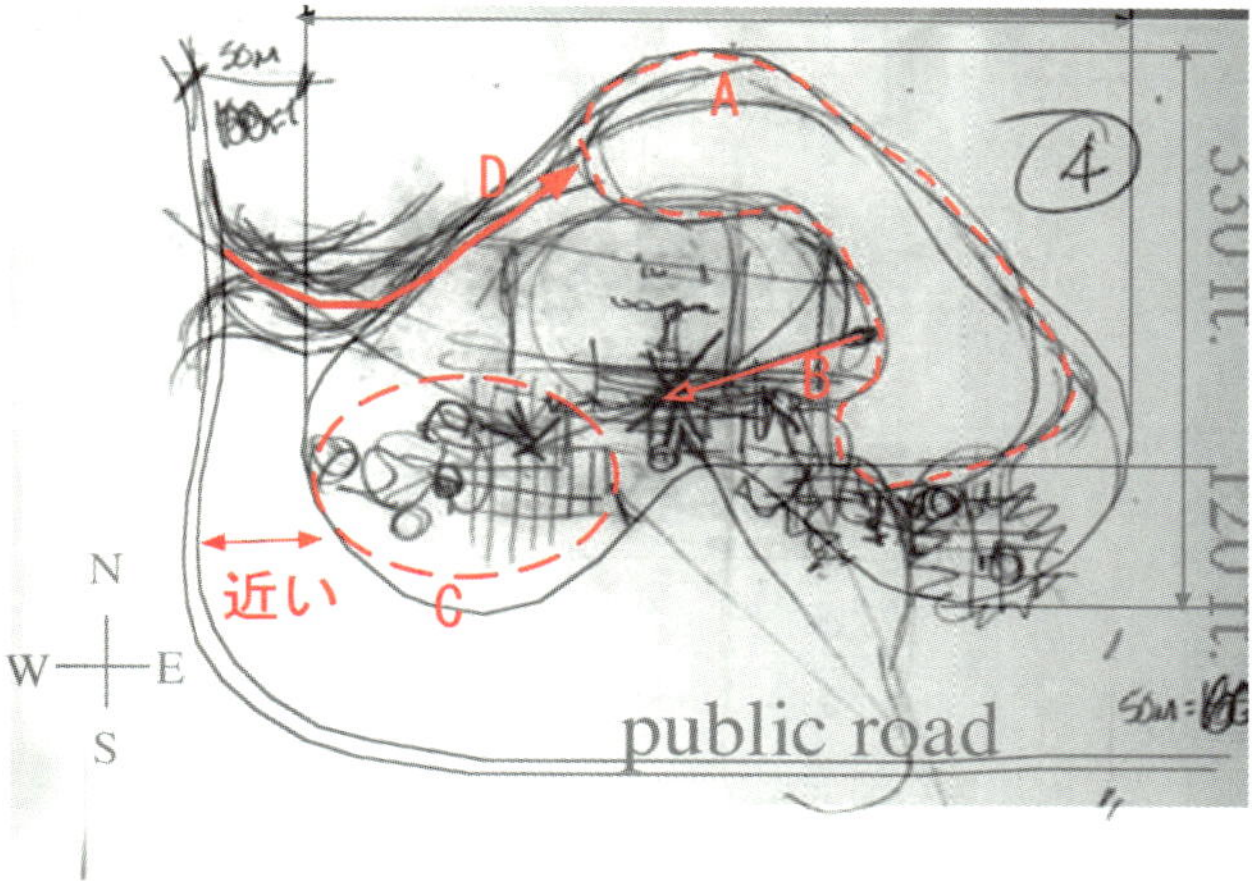

図５－２　建築家の４枚目のスケッチ（再掲）

者に楽しんでもらうために、動線に沿って小川や花壇を配するだけではなく、動線の延長線上にも大きな彫刻のモニュメントを擁するプラザ空間（点線領域C）をデザインするということが、彼のデザインの前半の骨子であった。

その後、プラザ空間が敷地の西側を走る公道（図中のpublic road）に非常に近い位置にあることを発見したのをきっかけとして、「公道を運転している人にも楽しさが伝わり、来場を促すような美術館にしたい」というデザインコンセプトが立ったのだった。

なぜそういう発見をすることができたのか？　公道とプラザ空間Cの近接性を見出す直前、この建築家が考えていたことは、実は、西側から敷地に入る車の動線だった（赤い曲線D)。この動線は一枚目のスケッチには既に描いてはいた。しかし、そのときはあまり深く考えることなく、簡単に描いていた。

この四枚目のスケッチでは、その部分に何本もの曲線を試しながら描き入れはじめた。曲線Dの周りにある乱雑な多数の曲線は、描き入れた曲線の上をなぞるように、位置や曲線の曲率を微妙に変えながら、描いたものである。このとき彼は、「公道から敷地に車で入るときに、どれくらいの曲率のカーブで入るのが自然なのか？　公道と敷地境界との距離や、駐車場の位置を考えながら、何度もなぞるようにこの曲線を描いていた」と後でレポートしている。

建築家がアイディアを捻出する際に、手描きでスケッチをする本質的な理由の一つがこのレポートに表れている。「なぞるように」線を描き入れることによって、建築家は自らがデザインしている対象に「身体で触れている」のだ。身体で触れることによって、今まさにデザインしている対象（この場合、美術館の空間）に身体で向きあい、感じることができる。

「あたかも触れるように見る」と言ってもよい。何か問題点はないか？　ネックになるイシューは何か？　実現しようとしているコンセプトはそれでよいのか？　そのコンセプトはこの空間配置で果たして実現できるか？　様々なものごとを、今まさにデザインしている空間の世界に身体ごと没入するために、なぞるように様々な線を描いているのである。

Dの動線は、公道から離れるときは南東の方向を向き、次第に向きを東へ、北東へと変えながら、敷地の北東の部分にある駐車場へ向かう。彼が公道とプラザ空間Cの位置が非常に近いことを見出したのは、実は、公道から南東の方向に向けて動線Dをなぞり描きをしているときだった。まさにその延長線上にプラザ空間がある。

なぞり描きをするとき、鉛筆が走る方向に目を走査するのは自然である。なぞっている対象物に触れるだけではなく、その周辺で発生しているものごとをも「触れるように見ている」のだ。だからこそ、それまでは駐車場Aと美術館への動線Bの関係でプラザ空間Cを考えていたにもかかわらず、初めてプラザ空間Cと公道の近接性に気づくことができた。プラザ空間Cの新たな側面を見出せたのだ。

†「発想を生む行動原理」を問いたい

羽生善治氏の名言、大喜利、建築家のスケッチの事例。いずれもクリエイティブな発想を要することであるが、専門知識やスキーマ理論の適用というモデル化は評論家的な後付けの説明に過ぎない。後付けの説明ではなく、実践者がクリエイティブな発想を起こすための行動原理、それが本書で問いたいことである。

身体をその対象世界に入れ込み、あたかも触るようにその世界を見ることが重要である。そうすることで、世界を外側から評論家のように観察するのとは異なり、身体と世界が密なる相互作用を始め、その世界に実際に佇んでいるかのような体感や感情が得られる。そしてその体感と感情の発露として、羽生氏であれば次の一手が、お笑い芸人であれば大喜利のあっと言わせる解答や、喩えツッコミやボケが、建築家であれば新しいコンセプトの創造につながる発見が可能になる。

これはまだ仮説に過ぎないが、知能の研究分野で昨今注目されはじめた「身体知」という概念とも相通じる、有望な説であると考えている。

では、対象世界に身体を入れ込むマインドになるにはどうすればよいのか？　ヒントを得るために、次章では、身体を入れ込むという行為を現象学の観点から理論立てて考えてみる。

第6章　身体で世界に触るとはどういうことか

クリエイティブの源として、身体ごと世界に没入し世界に触り、身体や感情の発露として考えることが必要であると説いたが、さて、どうすればそうできるのだろうか？　現象学の教えが重要なヒントになる。

†現出と現出者

現象学に登場する、「現出」（presentation）と「現出者」（re-presentation）という概念について解説しよう。紙に描かれた正方形を、少し離れたところから見ることを考えよう。我々は正方形を「見ている」と思っているが、網膜に映り込んでいる像は実は正方形ではない。その様子を説明したものが図6-1である。机の真正面から見たときは「台形」が、少し横から見ると「平行四辺形」が網膜には映っているはずである［谷 2002］。

現象学という学問では、実際に網膜に映っている像と、認識しているもの（我々が見ていると解釈している像）の区別を大切にする。前者を「現出」、後者を「現出者」と呼ぶ。視覚的認識の例で説明したが、より一般的には、身体に入ってくる感覚信号を「現出」、それを知覚して認識している内容を「現出者」と呼ぶ。

人の網膜に直接「見えている、映っている」もの、右の例では「台形」や「平行四辺形」、が「現出」である。「現れ出ている見え」という意味で「現出」と呼ぶのだろう。そして、「現出させている元のもの」という意味で、右の例では「正方形」を「現出者」と呼ぶのだろう。少々難しく感じられるかもしれないが、本章で紹介する数々の例を参考にすれば、理解できることと思う。

生活に即した用語で言えば、体験と経験を区別するということでもある。ニュアンスの微妙な差異であるが、体験という言葉は、実際に身体が直に接して影響を受けたことを指す場合が多い。一方、経験という言葉は、体験したことを基に、そこに本人なりの解釈や思考を交えて、昇華させたものごとを指す場合が多い。前者の方が、身体が直に接しているニュアンスが強く、より生々しい。

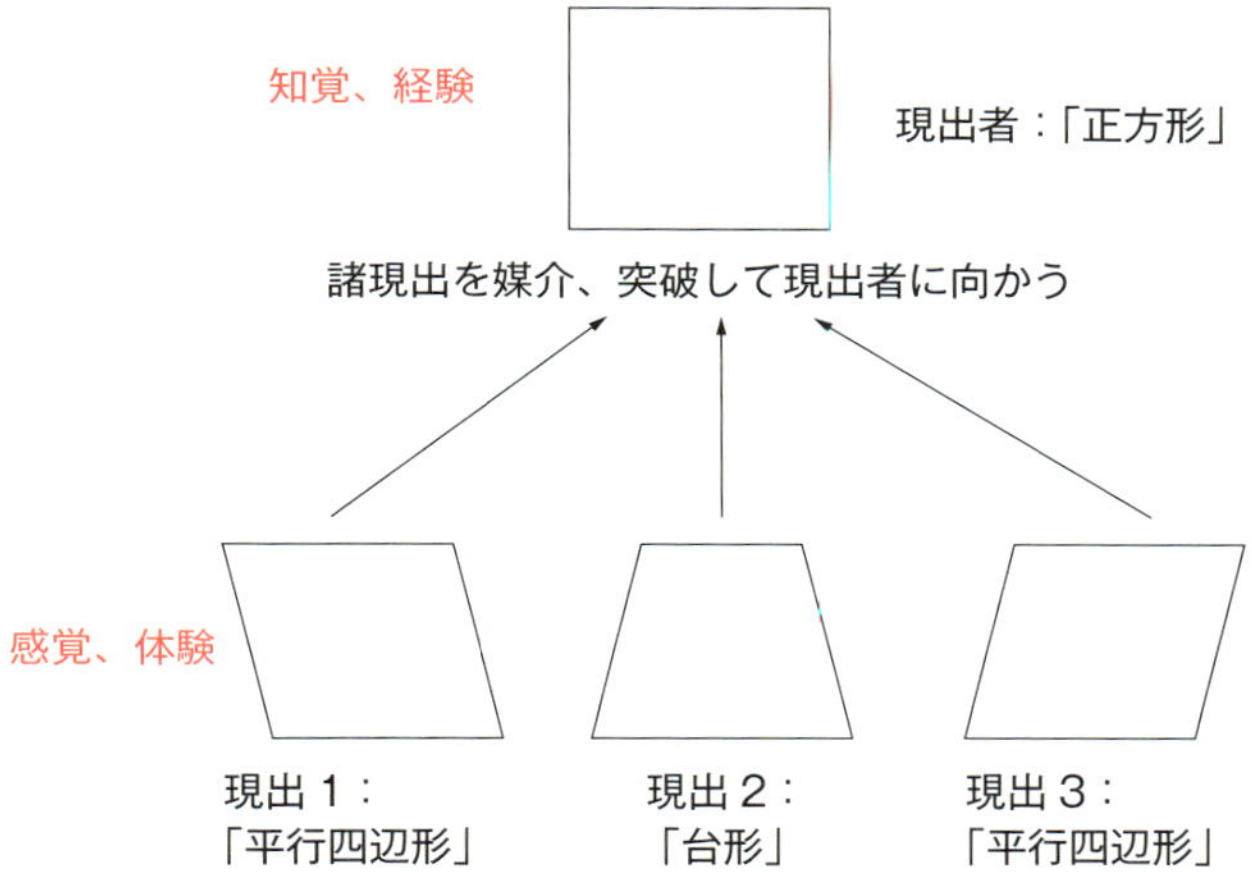

図6－1　現出と現出者（[谷 2002] から修正して転載）

富士山は円錐形の綺麗な形の山であると誰もが認識しているが、そのピュアな形を直に「感覚」したことのある人は誰一人存在しない。我々が得ている感覚は常に現出だからである。山梨県から見たとき、静岡県から見たとき、飛行機から見たとき、それぞれ現出は異なる。

現象学の生命線ともいうべき基本的な考え方は、「我々の認知は、諸現出を媒介、突破して、現出者に向かってしまう」である。感覚的に身体が直に得ているものごとは諸々の現出なのに、我々の意識は現出に向かわず、代わりに（我々自身の解釈が加わった）現出者に向かう。現出を媒介しているのにそれに気づかないことを、「突破する」という文言で言い表す。

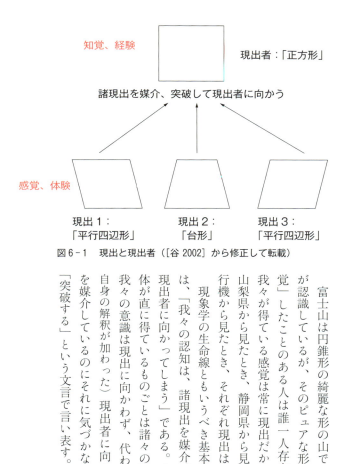

†曖昧図形の多様解釈――現出を自覚してみよう

現象学の概念で、これまでに紹介した事例を再び説明してみよう。曖昧図形の多様解釈という課題を思い出してほしい。バーテンダーと私が名付けた図を、図6-2として再掲する。トレイのような形に「人」文字のような形が組み合わさった塊（以後、「猫の目」的なパタンと称する）が、最上部に左右に並んでいる。これを一旦「目」と解釈するとなかなかその解釈から逃れられず、「おじさんの顔」、「ゲームキャラクターの顔」……、と常に何かの「顔」に見えてしまうという図である。

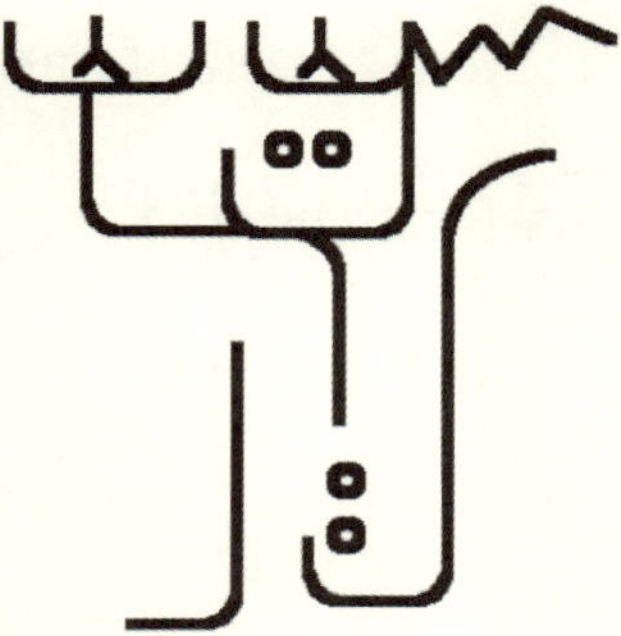

図6-2　曖昧図形（バーテンダー）

網膜に映り込んでいる「現出」は、そのような線図の塊が左右に並んでいる絵柄だ。我々はその事実を「突破して」、無自覚に「顔」という知覚に到達してしまう。現出への無自覚さが、クリエイティブの邪魔になるのではないか？　私が本書で述べたいことの本質は、ここにある。

「左右に並んだ〝猫の目〟的な形を見ていて、それをペアとして一塊に解釈して、〝目〟だなと知覚しているのだ」。もしそういう意識を持つことができたなら、状況は少し違ってくるはずだ。無自覚に「ペア」と解釈するのを保留して、現出への自覚に立ち戻ってみよう。

我々は、網膜に映っている全ての現出に解釈を与えているわけではない。左右に並んだこの同じ形が存在しているという関係性だけに着眼して、それを「ペア」と思うとき、我々の意識は、ある特定の現出者（「何かの顔」）へと強く方向づけられている。しかし、別の現出に自覚的に立ち戻ってみれば、別の現出者の方向に意識を向かわせることも可能なはずだ。

別の現出……。はて？　ラッキーなことに、「左右に並んでいる」ものは他にもあるではないか！　小さな丸が比較的図の上の方に、これまた左右に並んでいる。それを同じように「目」として見ることもできるなと。「左右に並ぶ同じ形をペアとして認識し、目であると解釈する」ということからは逃れられていないが、ある特定の現出に無自覚に縛られているよりは随分ましである。

この小さな丸が左右に並んでいるのを「目」と解釈したのなら、その下のU字のような線が顎のラインに見えてきて、「猫の目」的なパタンはその人がかぶっている帽子に見えてくる。顎のラインに接しながら（向かって）左へ、その後上へ延びている柔らかい曲線はその人の右手に見える。そしてその先にある二つ目の「猫の目」的なパタンは、トレイにカクテルグラスが逆さまに置いてある様子に見えてくる。「ああ、バーテンダーだ」となるわけである。

様々な現出に自覚的に立ち戻ってみると、いくらでも多様な解釈が得られるはずだ。下の方にも小さな丸が縦に並んでいる。その現出に着眼すれば、「ポタポタしずくが垂れている」という現出者に意識が向かうかもしれない。「しずく」の上まで下りてきている縦のラインは「スポイトのような物体」に見える。しずくの下から、向かって右側、そしてその上方向に延びている線は「試験管の輪郭」に見える。上の方は「何か複雑な実験装置」だろうか？　そんな解釈も可能だ。

なにも、並んでいるものの現出だけに着目する必要はない。左下の「最初まっすぐに下りて、途中で向かって左にカーブしている」要素だけに焦点を合わせて、その現出から、「六角レンチ」という現出者を想像してもよいのだ。

†大喜利を「現出」の考え方で説明

マッチ売りの少女の大喜利に、話を戻そう。この絵柄の世界に身体を入れ込み世界に触れるということを、現象学の概念で説明し直すと、この世界に身体を入れ込んだときに「どんな現出があるのかを自覚的に想像する」ことなのだ。寒風吹きすさぶ中、道端に直に座ってみよう。身体が感覚する現出はいろいろあるはずだ。

座っている位置から何がどんな風に見えるか？　ちらちらと盗み見をしながら向こうを歩く子どもでさえ、「上から目線でこちらを見ている」ように映るか？

どんな音が聞こえる？　風は吹いている？　雪が舞い降りて地面に吸収されるとき、音は鳴っているか？

地面はどんな感触？　石ころが向こう脛《ずね》に当たってゴツゴツしている？　それとも柔らかい雪の感覚？　いや、体温で溶けた雪がジメジメしている？　風は横面を叩く感じ？　それとも、意外にも頬を撫でてくれている？　風はないとしたら、冷気は肌にどう触れてくる？　空気さえも震えて、その微細な振動が身体を凍えさせる？

視覚、聴覚、触覚に相当する現出を、想像して書いてみた。我々は、外的環境の信号を受け取るための五感感覚器官を持っている。この世界に入り込んだときの嗅覚的現出、味覚的現出を考えてみることもできそうだ。

「向こう脛が地面に触れている感覚も、冷気が肌に触れる感覚も、そんなに辛くはないのだけれど、何せお腹が空いてさっきからグウグウなっているのよね」。そんな体感もあるのかもしれない。外的世界から知覚する五感感覚器官以外にも、我々は、身体の内部感覚を感じる器官を有している。

つまり、世界に入り込んで現出を想像してみるということは、身体が世界に接している接点や、自分の身体の内部感覚を自覚的に考えてみるということである。世界と身体の接点や身体の内部感覚に目を向け、自覚的に現出を考えてみることが、「身体の発露で着眼する」ということにつながる

地面の感覚も冷気が肌に触れる感覚も一向に平気だし、空腹でもない。（カレーをすでに食べていたという設定にして）「さっき食べたカレーが身体を火照らせてくれるから」と着眼することも、可能になるわけだ。

乾いた雪の粒子が向こう脛に押されて、細かい砂の海岸のようにキュッと鳴く[14]「現出」を想像できたとしたら、

「悲しいからじゃないの。脛の下で細雪がキュッと鳴くからもらい泣きしてるの」

みたいな解答も、得られるかもしれない。[15]切なさが溢れます。

身体の発露で着眼するとは、すなわち、ある特定のスキーマを活性化して、自分なりの現出者（解釈する内容）に意識を向かわせることである。着眼する対象が現出、自分なりの解釈が意識の向かう先である現出者、その間を取り持つのがスキーマである。着眼、スキーマの活性化、自分なりの解釈は、同時に起こる。

ある期間自分で大喜利の実践をやっているうちに、私の身体に起こったことは、おおよそ、こういう類のことではないかと考えている。身体を絵札の世界に入れ込んだ結果、「現出」を自覚的に想像する心持ちになっていたのだ。「私は地面の感覚も、冷気が肌に触れる感覚も、一向に平気だし、空腹でもない」と、空腹もしくは満腹感覚に着眼したことから、「カレー食べてきたから、平気やねん!」という解答が生まれたのかもしれない。

「寒空の下、ここに座っていることの身体的な辛さには慣れた」としよう。しかし、その次にやってくるかもしれない現出は何かと想像すると、自分の人生の映像（想起するだけなので、網膜には映っていないが）なのかもしれない。それをため息まじりに、もしくは自嘲的に振り返る思考が起こるとしたら……という経緯で、「金、家族、会社、彼氏。「か」のつくものは全て失いました」が、浮かんできたのかもしれない。

14 「鳴き浜」という異名を持つ海岸は数多いと聞く。

15 Facebook で大喜利の実践をしていたときに出てきた解答ではなく、今この章を執筆しながらふと浮かんできた解答である。

†「からだメタ認知」——体感に向き合うための認知手法

私の専門分野は、人が身体知を学ぶさまについての研究である。頭で計画して実行するというよりは、身体の発露として繰り出す実践的な知恵のことを「身体知」と呼ぶ。第1章で、ラーメン屋のカウンターでの会話の事例も含めて、日常生活の諸々のシーンで発揮される身体知について説明したことを思い出してほしい。

身体知は、いつの間にか体得していることが多い。しかし、意図的に学ぶことも多々ある。スポーツ、楽器演奏、ダンスなど、身体スキルは身体知であり、練習しないと体得することはできない。俳優、デザイナー、アーティストというプロフェッショナルな人々の技も身体知である。初めからプロ性を示す天才俳優もいるにはいるが、若いときには大根ぽかった役者が次第に渋い味を出す俳優へと進化を遂げることもある。「いろいろ考えて、実践して、演技するという身体知を学んだんだなあ」と敬服する。

クリエイティブな知にしても、お笑い芸人たちの臨機応変なボケやツッコミや、大喜利での解答にしても、まさに身体知である。身体や感情の発露としてそういった反応を繰り出している。

私は、身体知を学ぶためにはしかるべき方法があると考えている。やみくもに練習しても体得はかなわない。私の基本思想の第一は、「自分の身体が感じていること（以下、「体感」と書く）に向き合って、体感の微妙な差異や類似性を感じ、反応するように身体を制御することを目指す」ことだ。第二に大事なことは、体感の差異を感じて制御する域に達するためには、ことばの力をうまく利用することが肝要であるということだ。

この二つをうまく成就させる方法として、私はかれこれ十数年「からだメタ認知」という認知科学的手法を提唱してきた。その詳細は拙著『「こつ」と「スランプ」の研究——身体知の認知科学』［諏訪 2016］に譲り、ここではエッセンスだけを紹介する。

体感の差異を感じとりうまく制御することが最大の目的なのだが、困ったことに、体感という代物は実に刹那的で、すぐに流れ去ってしまう。身体が上手く機能しているときは、ちゃんとした体感が体内を貫いている。私は野球をやる人間である。上手く打てたときには、客観的に外から観察しても力みなく各部位が連動しているが、内感的にも、実に滑らかで軽やかな体感が生じているものだ。

ただ、そういう体感は長くは続かない。絶好調のときと同じように各部位を連動させているつもりでも、そうなっていないことが多々ある。そんなときはたいてい体感がずれている。体感に向き合っているつもりでも、本当のところは向き合えていないから、体感がずれていることに気づかない。微妙な差異を感じ取り制御することが目的なのに、体感に向き合えていないと勝負にならない。

†体感を「正しく、きちんと表現する」のではない

では、体感に向き合うためにどうすればよいか？　私が提唱しているのは、ことばの力を借りて体感への留意を保つということだ。まずは、体感を言葉で表現してみることから始める。体感みたいな曖昧模糊としたものをことばで表現したって、正しくきちんと表しきれない！と多くの人が反論するだろう。その反論自体は正しい。しかし注目すべきなのは、「正しく、きちんと」表現することが必須なのではないということだ。

哲学的には、身体とことばは全く別の性質を持っている。身体は全体性で成り立ち、ことばは世界を分節化する。「青い」ということばは、本人にとって、「青いもの」と「青くないもの」を分けること、それを分節化［井筒 1991］という。分節化するということは、ある特定の側面にだけ焦点化するということでもある。つまり、体感をことばで表現しようとすると、本来全体性で成り立っている身体の、ある特定の側面にだけ着眼することになる。体感の全てを表現しつくせないのは当然なのだ。

しかし、それでよいというのが、からだメタ認知理論の骨子である。ことばの力を借りるとは、身体だけではどうしようもない別の機能を合わせて発揮させることである。ことばは連想という技を有している。ことば同士の連想関係や、知識に基づく論理的関係をたぐって、ある

ことばから別のことばに飛躍することができる。

あるときの体感Aを、なんとかことばで表現したとしよう。そこで使用されたことば（複数個あるとして、ことば群Aと呼ぼう）の観点から、身体のある特定の側面を焦点化したわけである。例えば、ある日本酒を味わったときの体感を「確かに甘いことは甘いのだけれど、単なる柔らかい微笑みのような甘さではなくて、何だかジリジリと舌の表面が深くえぐられるような摩擦感を感じる甘さ」と表現したとしよう。これらがことば群Aだ。

ことば群Aのことばから連想できることばはたくさんある。連想で新たに意識に上ったことばの数々をことば群Bとしよう。「摩擦感」や「えぐる」から「砂場」を連想し、「ジリジリ」から「夏の湿気のある暑さ」を連想したとしよう。

次にやるべきことは、新たなことばの観点で、再度自分の身体にプローブを入れる（眺め直す）ことである。「砂場」「夏」「湿気」「暑さ」といったことばを念頭に置いて、同じ日本酒を味わってみる。するとどうだろうか。面白いことに、体感Aを意識していたときとは異なる、新しい体感に気づけるはずである。そこで得られた体感をBとしよう。

それをことばで再度表現してみると、「なんだか、粉末や粒子を感じる。その粒子はコロコロと流れるというよりは、粘りっこく互いにぶつかり合っている」などとなるかもしれない。砂場、湿気などの影響で、新しい体感に気づいたというわけだ。

体感Aはこの人がこの日本酒に感じる一つの側面、体感Bは別の側面であるといってよい。ことばで表現するということは、何かの側面に焦点化して他の側面を捨てることであり、ことばの力を借りると、意識に上る体感はこのように移り行く。

ここまで述べてきた理論の重要なポイントは、ことばで表現すると、そのことば群とその体感の間に意識上の紐付けができて、ややもすると忘れ去ってしまう体感への留意を保てることだ。ことば群Bで体感Bを見出した後も、ことば群Aで感じていた体感Aを忘れ去るわけではない。体感AもBも、それぞれ、その日本酒の味わいの一つの側面であるが、それらを渡り歩きながら、各々の体感への留意が保てる。だからこそ、体感の微妙な差異や類似性を感じたり、足したり引いたりして、体感と向き合うことが促されるのである。

†ことばで表現した場合 vs. しない場合

体感をことばで表現することに拒否反応を示す研究者は多い。そういう方たちの反論は、「ことばにしない方が、より豊かな全体性を感じ取れているはずだ」というものである。ことばの分節化機能は、ある側面にだけ焦点化するので、全体性が失われ、かえって仇になる、と主張する。

その主張に対して私は違和感を覚える。体感はすぐに流れ去るものなので、ことばで表現しないと如何にも刹那的になる。刹那的に感得することをただ繰り返す方が、ことばで表現しながら生きることよりも豊かなのか？　私にはそうは思えない。刹那的な各々の「今」の積み重ねから「学ぶ」からこそ、人は人として生きられるのだ、と思うのだ。

あることば群Aに紐付いている体感Aと、ことばにしないで刹那的に感得していることを比べると、刹那的には全体性を保持している後者の方が、豊かな体感を得ているのかもしれない。ことばにすると、ある特定の側面にだけ焦点化されるからである。

しかし、ことばで表現することによって顕在化する、様々な体感の重ね合わせ（A、B、C……）と、ことばにしないで刹那的に感じているのを比べるとどうであろうか？　私は、長期的には、体感の重ね合わせ（A、B、C……）の方がより豊かになると考えている。

刹那的な体感の感得に頼っていると、いつの間にか体感を失ってしまうことが多い。また、ある体感から不連続的に、全く異なる体感へと意識を向かわせることは叶わない。

一方、ことばの飛翔機能をうまく借りると、新しい側面（体感B）に意識を跳ばすことができる。[16]

16　ことばと身体の性質の違いと、その協力関係についての論を、『早稲田文学２０１６冬号』の小特集に執筆したので、ご興味のある方はご覧いただきたい［諏訪 2016b］。

今の身体がすでに達成した一定レベルのスキルに満足しているときは、からだメタ認知によって体感と向き合うことは、敢えてしなくてもよいだろう。しかし、スキルのレベルを長期的に向上させたい、学びたいと思うならば、刹那的な体感の感得を繰り返すだけでは足りない。ことばの力を借りて様々な体感を渡り歩き、それらへの留意の積み重ねの中から、体感の微妙な差異や類似性に気づくことを志向するのが良い。それが、時の流れの中で生き、体感と向き合い、身体知を学ぶということである。

†体感に向き合うことと「現出」

「からだメタ認知」の理論を現象学で説明する。「体感に向き合う」とは、身体が環境に遭遇して得られるいろいろな現出に対して自覚的になることを意味するのだ。ことばの力を借りて様々な体感を渡り歩き、微妙な差異や類似性を意識するからこそ、現出に自覚的になることができる。

ここ二、三年、何名かの人たちと日本酒の味わいの研究をしている。様々な日本酒を飲んではその味わいをことばで表現することを続けていると、毎日飲むわけではないが、一年で二〇〇以上の味わいのことば（ある日ある銘柄の味わいを表現したものを一個と数えると）が貯まってくる。数人でやれば、その数倍の味わいことばが蓄積される。テキストマイニングを行えば、ことばの傾向や変化を分析することもできる［大塚 2016］が、ここで述べたいことは、それよりもむしろ、私の表現に生じた二つのエピソードについてである。

一つ目のエピソードは、味わいのことばに現れる動詞の変化についてである。「舌の先端にジリジリとした痺れが残る」。味わいとは、複層的な味が口腔という空間の中で、動いたり、出現したり消失したり、余韻を残したりするさまから構成されるものである。この研究を始めて少し経った頃、私は、「残る」という動詞をやけに頻繁に使っていることを自覚しはじめた。

次第に、「いつも『残る』って書いてるのは、なんだかなあ……」と、マンネリ感に嫌気がさしてきた。「残る」は「残る」のだけれど、残り方にも色々あるような気がする。その微妙な差異を表現できていないなあと。

なんとか別の表現ができないものか？　そう模索していると、立て続けにいくつかの表現が生まれた。「舞い降りる」、「降り積もる」、「着地して居座る」、「帯電する」などである。「残る」前に、その味がその部位にどうやってくるのかにも色々ある。「舞い降りる」は、ハラハラと軽いタッチで着地するさまを言い表している。「降り積もる」も似ているが、微妙に異なる。「積もる」ことに重きがあるため、着地した後、次第に重量感を増してくる側面を重視した表現であろう。

「居座る」は面白い。厚かましくも鎮座ましまし、そこを占拠するのだ。ある味に居座られるのは、私にとってはあまり嬉しいことではないという感覚も含めて表現している。「帯電する」は、残った味がいつまでもビリビリとした痺れや苦味を醸し出していることを、比喩的に表現したものである。

動詞の表現がこのように分化してくると、ただ「残る」と言い表していたことが、もはや、実に大雑把に思えてならない。「体感の微細な差異や類似性に気づけるようになってきたな」とニンマリする。この先も動詞の表現が分化していくとするならば、二、三年後にどうなっているのか、楽しみでもある。ことばの力を借りて体感の微細な差異に気づくとはこういう行為なのだ。

さて、本題は「現出」である。「舞い降りる」、「降り積もる」、「着地して居座る」、「帯電する」などの新しい表現は、単なる「残る」に比べて、微妙に異なる感覚への気づきを表現できている。「残る」では表現できなかった諸々の現出への自覚が芽生えた証である。ことばの力を借りているからこそ、諸々の現出への自覚が芽生え、そういう現象が生じた証が残る。

ことばで表現せずにただ身体の感覚に身を委ねていると、刹那的にはリッチな体感を得ている気になるのかもしれないが、微妙に異なる諸々の現出への自覚と、その証が心に残ることはない。もちろん、世界的に評価されていて誰もがすごいと唸るような絵画、素晴らしいレストランの料理の味わい、スポーツのワンシーンに遭遇した時など、そういった現出への自覚が心に残ることも時にはある。それを否定するつもりはない。しかし、日常的な生の営みの中で、その折々に身体が受け取る現出は、それに対する自覚の証を残そうとしないと流れ去ってしまう。世界的な名画や味わいやスポーツシーンに比べると、出来事としてあまりにも小さいからだ。

しかし、クリエイティブであることの源は、日常的な生の営みの折々に身体が受け取る現出から成立するものではないか？　私はそう信じている。そういう現出をないがしろにしてクリエイティブになることは、できまい。イチロー選手は、「前人未到のパフォーマンスも、スーパープレーも、日々のルーティンの繰り返しの中にある」という趣旨のことをインタビュー番組で再三口にしている。体感に向きあうとは、日々の諸々の現出を大切にするということなのだ。

†酸味に対する感覚

味わいをことばに表現する研究を一年くらい続けたとき、特に日本酒だけにこだわらなくてもよいと思うようになった。毎朝一杯飲む珈琲も、日本酒と並行してやってみるかと思い立ったのだ。[17] 食するものが変わっても、口腔内で様々な味の側面が動いたり、出現、消失したり、余韻を残したりすることは変わらないはずだと。そこで、珈琲も色々な店の豆を購入して、産地や製法によって随分味わいが異なるものだと知り、それぞれの味わいをことばにすることを楽しんでいた。

それから約一年半が経った時、妻からこう言われた。「最近酸っぱいものが平気になったの？　以前だったらこんな酸っぱいグレープフルーツは口にしなかったんじゃない？」と。

やはりそうかと合点がいった。妻が言うように、私は、酸味の強いものを好んでは口にしない傾向があった。日本酒も、酸味に特徴のある銘柄や製法のものは好きではなかった。珈琲もそうで、深いローストの炭火的な味わいのものを好む傾向があった。

しかし、ある日、ある珈琲専門店で、酸味が特徴的な浅煎りのものをフレンチプレスという淹れ方で飲んだとき、何かが変わり始めた。酸味が「口腔のある小さい部位だけにとどまり、きらりと光る」と感じたのである。なんと繊細な、そして可愛らしい酸味だろうか！

この出逢いがあってから、酸味に対する私の自覚は大きく変わった。酸味全般が嫌いなわけではない。酢の物はだいたい好きだし、レモンタルトみたいなデザートも好きである。ホットケーキにバターをたくさん塗った後に、ブラックベリーのような酸味系ジャムを塗るのは大好きである。どういう酸味が好きで、どういう酸味が嫌いなのか？　日々の嗜好品や食事の中で、私はそれを意図的に探るようになった。

そうした模索を続けてきた成果として、今は、好きな酸味は二種類あることを自覚している。

「舌の中央、もしくは舌先にとどまり、一瞬きらりと細く光るような酸味」
「甘さの陰から、もしくは、苦さや香ばしさの陰から、いつの間にかにじみ出ているような酸味」

この二つは、全く異なる酸っぱさを表している。二つとも、酸味が特徴的な日本酒や珈琲が醸し出す、多様な諸「現出」を重ね合わせて出来上がっている表現だ。二つの表現の奥に潜む「現出者」は、想像するしかないが、各々異なるであろう。それらの「現出者」はもはや「酸味」という表現さえ、適していないかもしれない。

日々の生の営みの中で味わいをことばで表現するという習慣は、遭遇する多様な現出を自覚し、それらを多様に重ね合わせて、上記のような表現を自ら組み立てたり、壊して組み立てなおしたりしながら、その奥に潜む現出者を想像して楽しむということなのだ。

17　日本酒も珈琲も嗜好品であるが、嗜好品だからこそ、ちょうどよい。毎日三食食べているものについて味わいを表現しだすと、食べるという行為が邪魔される。ことばで表現することに時間がかかるし、食事中の会話もなくなる。三食食べるということは生きるためにやっていることなので、「研究をしよう、そのデータを取ろう」とすることが、生きることのペースをかき乱しては本末転倒である。味わいの表現研究は、嗜好品くらいにとどめておいたほうが無難であろう。

酸味の強いものは嫌いだという固定観念がいつの間にか消失していて、結構酸っぱいグレープフルーツも食べていたのだ。このエピソードは、味わいをことばで表現するという日々の習慣が、私の酸味に対する感覚を、つまり身体を大きく変容させていたことを如実に語っている。

†現出を自覚するトレーニング

トレーニングという言葉は、打算的なニュアンスがどうしても内包されてしまうので、あまり使いたくはない。しかし、「日々の生の営みの中で、身体が感覚している諸現出への自覚を促し、それら諸現出への留意を保ち、微細な差異や類似性に気づきながら、身体の処し方を探り、生活行為をデザインする」ことを、敢えてトレーニングと呼ぶのであれば、それは身体の感性を磨き、身体知を育むことに、効果があるだろう。日々の小さい積み重ねが重要である。だからこそ、打算的にならないように気をつけた方が良い。

お笑い芸人たちは、日々遭遇するものごとに、どう向き合い、それを意識の中にとどめ、そこで何を得ているのだろうか？　ネタ帳を持っていて、常に何かを書き留めている芸人は多いという。ネタ帳で彼らは何をしているのだろうか？　「現出」とか「現出者」みたいな哲学用語を駆使して考えているとは考えにくいが、しかし、彼らが日々実践していることは、「現出」を自覚し、「現出者」に思いを馳せることであろうと、私は睨んでいる。

ちょうど昨日観た番組で、千原ジュニアさん（以下、敬称略）が「ことわざって、言葉変えたほうがよいもの、結構あるで！」としゃべっていた。「例えば、七転び八起き。この数字おかしない？　八回起き上がろうって思ったら、八回転ばんと無理なんよ。七回しか転ばなかったら七回しか起き上がられへんで」と。

こういう着想はどうやって得られるのだろうか、と感心した。普通の人は、ことわざを、深く考えることなく、そういうものだと固定観念で眺めている。ジュニアは違う。絵を想像したのだ。転ぶシーンと、起き上がるシーンとを。その映像がまさに「現出」である。そういう絵を想像し、お笑い特有のツッコミとして違和感を呈しているということは、「現出」への自覚が習慣化している証である。

転んでいるシーン、そこから起き上がるシーン、それを繰り返していくうちにだんだん顔が歪んでくる。最後は歯も食いしばりなんとか起き上がる。それらが諸現出であり、その奥にことわざの文言の奇妙さへの着眼が湧き起こり、ツッコミが生まれる。「転んでないのに、八回目に起き上がるってどういうこと?!」と。

第1章で紹介した大喜利の解答、「悲しい落語でごめんなさい」を堀内健が繰り出したとき、彼はどのような現出に遭遇し、それをどう自覚し、その奥にどんな現出者を想像したのだろうか？　興味津々である。

第7章　ＡＩが直面するクリエイティブの壁

ＡＩ（人工知能）といえばロボット、と思う人も沢山いるだろう。現在ロボティクスの研究は活発に行われ、生活や産業のシーンで人とロボットが共生する未来も語られるようになってきた。共生する未来は本当にやってくるのか。人とロボットが共生する時代を迎えるためには、まだ乗り越えなければならない壁は多い。これからどういう研究を詰めなければならないのか。ＡＩ研究者たちは日々格闘を続けている。この章では、クリエイティブという観点からＡＩ研究が遭遇しつつある問題を論じてみたい。

†Pepperくんと芸人の遭遇

数多くのCMに登場し、お茶の間でもっとも有名なロボットはPepperくんだろう。Pepperくんが『ダウンタウンのガキの使いやあらへんで！』に初めて登場したとき（二〇一四年九月一四日）、面白いシーンが勃発した。お笑い芸人とロボットの遭遇だからこそ生じた「事件」と言ってもよいかもしれない。ダウンタウンの浜田雅功さん（以降、敬称略）が、なんと、Pepperくんをひっぱたいたのだ。本書でこれを取り上げる理由は、そこにＡＩ研究の現在の問題点が詰まっているからである。

浜田は、なぜPepperくんをひっぱたいたのか。焦点を当てるべきポイントは、実はそのシーンだけにあるのではない。Pepperくんの意気揚々とした登場からひっぱたきのシーンに至るまで、見るべきポイントは複数あり、その一つ一つにＡＩ研究がクリアすべき問題が詰まっている。

登場シーンから順に見てみよう。「話題のPepperくんが、今日、スタジオに来てくれています」。出演者の一人、ココリコ田中さん（以降、敬称略）（この日は司会進行役を担っていた）の紹介に始まり、華々しい音楽に乗せて厳かにPepperくんが登場する。ちなみに出演者は、ダウンタウンの浜田と松本、ココリコの田中と遠藤、そしてお笑いタレントで落語家でもある月亭方正の五名である。インターネットにいくつか動画がアップロードされているので、読者のみなさんも、動画を鑑賞しながら以下を読み進めてほしい。

登場するやいなや、月亭方正が気軽に話しかけた。「一人で来たん？」、子どもくらいの身長のPepperくんに可愛らしさを覚えたのだろうか、月亭方正は子どもに話しかけるように、Pepperくんにそう切り出した。Pepperくんにとっては意表を突かれる格好になった。いや、意表を突かれて、答えを用意できていないからと、どぎまぎした仕草を繰り出したのであれば、相当賢いというべきである。残念ながらPepperくんは、月亭方正の問いかけには何も答えなかった。彼の方に向き直ることもせず、ただまっすぐステージ中央まで進んだ。この番組を生で見ていた私は、まずここでガクッときた。

「一人で来たの？」月亭方正は、Pepperくんの方に歩み寄って、再び同じ質問を繰り返した。やはりPepperくんは答えもしないし、月亭方正に向き直りもしない。受け答えが成立しないことに不自然さを覚えつつも、彼は「一人で来たの？」と三度目の問いかけもした（図7-1参照）。

「同じ質問」と書いた。しかし厳密には、最初の問いかけと、二度目（三度目）の問いかけは微妙に異なる。最初の問いかけは、語尾が「来たん？」である。大阪弁としては気安く語りかける発言と言える。そしてその問いかけは、ココリコ田中の紹介の時に座っていた位置でそのまま発せられていた。

一方、二度目（三度目）の問いかけは、語尾が「来たの？」に変化していることに注目して

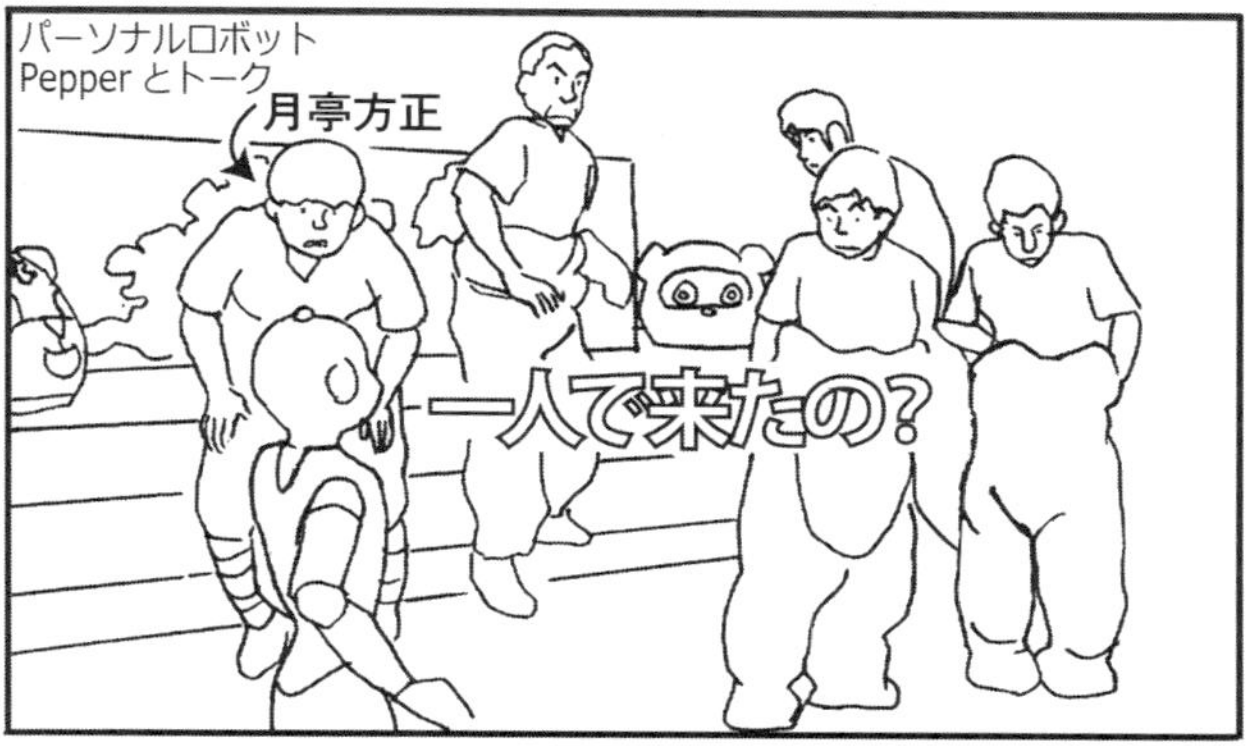

図７－１　月亭方正「一人で来たの？」

ほしい。Pepperくんが応答してくれないため、「早口で気安く語りかけてしまった、質問を認識してくれていないかもしれない」と思ったのだろう、月亭方正は子どもに語りかけるように、丁寧に優しい口調に修正したのである。状況に合わせて振る舞いを微妙に変化させること、それがまさに人の賢さである。

さて、人であれば、たとえ子どもであっても、月亭方正の語りかけには反応したにちがいない。実際に返す言葉は出てこないまでも、もじもじ恥ずかしがる素振りくらいは見せたであろう。しかしPepperくんは月亭方正に対して一切反応しなかった。その理由は後で述べよう。

†複雑な状況認識が求められる

番組の筋書きとしては、Pepperくんを浜田と喋らせたいようだ。司会進行役の田中が「さあ浜田さん、

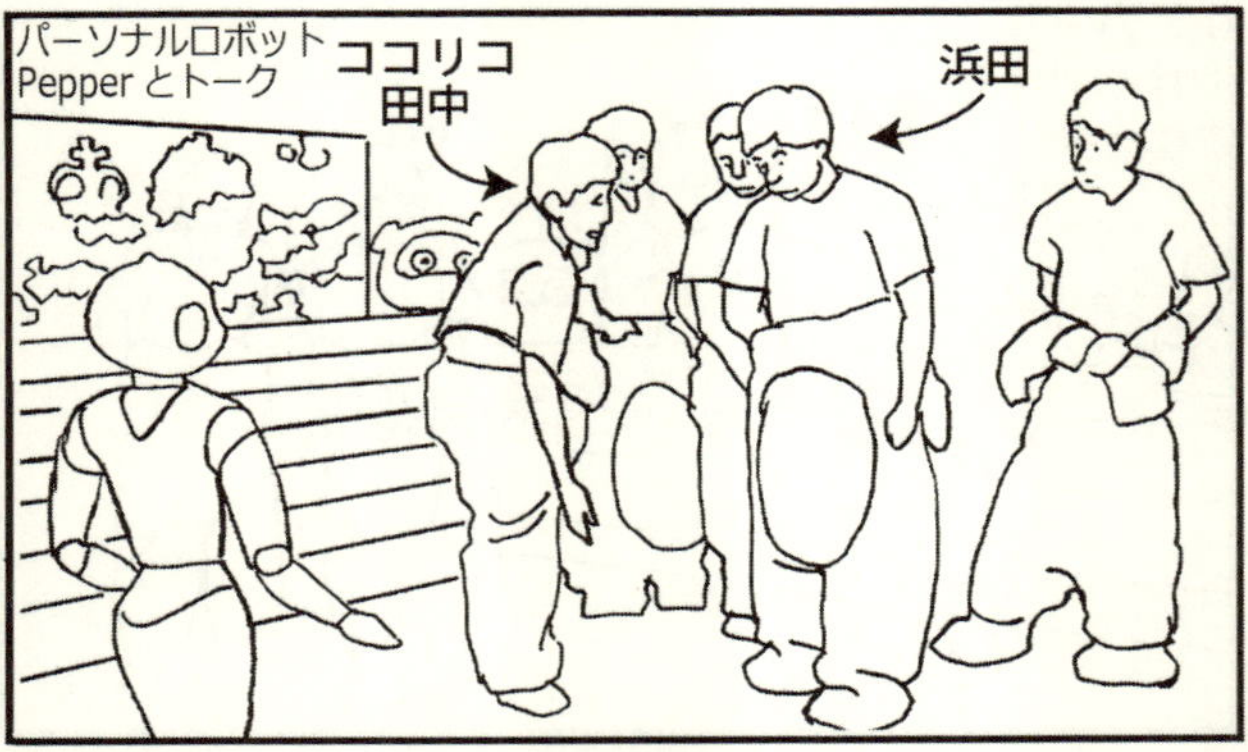

図7-2　ココリコ田中「浜田さん、こちらの方へ」

こちらの方にどうぞ」と、Pepperくんの正面を手で示し、浜田も誘導されるように一歩前に進み出た（図7-2参照）。しかし、Pepperくんは正面に位置する浜田ではなく、喋っている田中の方に首を向けたままでいたのだ。ここで私は再びガクッときた。

人と会話をするために、Pepperくんは人の声を認識し、言葉の意味を認識するためのプログラミングがされているはずだ。まさにこの瞬間、Pepperくんは音声認識をしようというモードに入っていたのではないか？　主に声を発しているのはココリコ田中である。だから田中の方に首を向けた。

しかし、この場の状況は、田中が「浜田さん」と敬称を用い、「こちらにどうぞ」と浜田をPepperくんの前に手で誘導し、浜田も「あ、そう」と一歩前に踏み出てPepperくんをじっと見据えているのだ。人であれば、「この場で一番のお偉方は浜田さんという人で、それは、今喋っている人が手招きをして、一歩前に踏み出した目の前の人にちがいない」と認識するだろう。発せられている声はしかと聴きながら、声の主ではなく、浜田さんだと推定できる人の方を見るだろう。

と、つい簡単に書いてしまった。しかし、これだけのことを実行するためには、実は相当賢くなくてはならない。単に音声認識ができ、発せられた言葉の意味を表面的に解するだけでは足らない。認識しなければならないことを列挙してみよう。

●今話している声の主が用いた敬称と、別の人への手招きから、この場には偉い人が存在するということ
●今は、世間的にはまだ珍しいロボット（Pepperくんからすれば自分自身）を紹介するシチュエーションであるということ
●そういう場合には、Pepperくん（自分自身）と喋る役割として、この場の偉い人が選ばれることがある（その方に敬意を表して）ということ
●今話している声の主は、そういう段取りを進めつつある司会進行役に過ぎないということ
●目の前に一歩進み出た人が、そのお偉方にちがいないということ
●その人はまだ声を発していないが、これからその人と会話をすることになるであろうということ（近未来の予測）

など、人であればこれらを一気に理解するはずだ。

†用意されたプロットを実行するだけ

しかしPepperくんは、「もしよろしければ採用面接を受けてみませんか？　まあまあ駄目元ですし、受けるのは無料ですし」と、用意してきたプロットをしゃべり始めたのである。しかも、田中の方を向いて。このあたりで、残念ながらPepperくんにはまだ十分なコミュニケーション能力が備わっていないことを、その場の芸人たちも、そして視聴者も知ることになった。

容赦ない浜田は「田中の方、見てるで」と違和感を示し（図7-3）、田中は再び浜田に前に出るよう手招きをした。Pepperくんにも明確に見せるような、大げさな手招きであった。浜田は前に進み出るだけではなく、「あなたの話し相手は私ですよ」と示唆するように、親切にもPepperくんの（田中への）視線方向にかぶる位置に、顔を差し出したのだ（図7-4）。芸人たちの助けを得て、ようやくPepperくんは浜田の方に向き直り、会話相手であると認識することができた。やれやれである。

その後の会話の進行具合もいただけない。Pepperくんは「年はいくつですか」と用意してきたプロットを繰り出し、浜田がそれに従って「五一歳です」と答えると、「実にいい声！

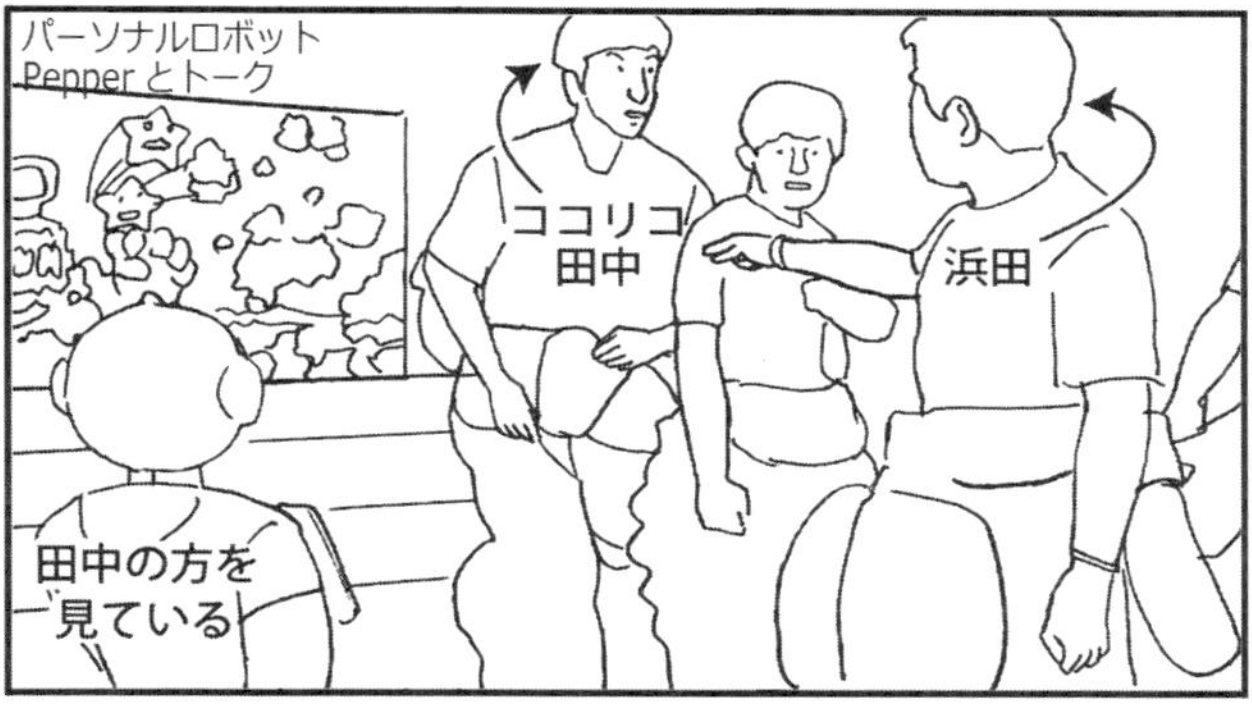

図7－3　浜田「田中の方見てるで」

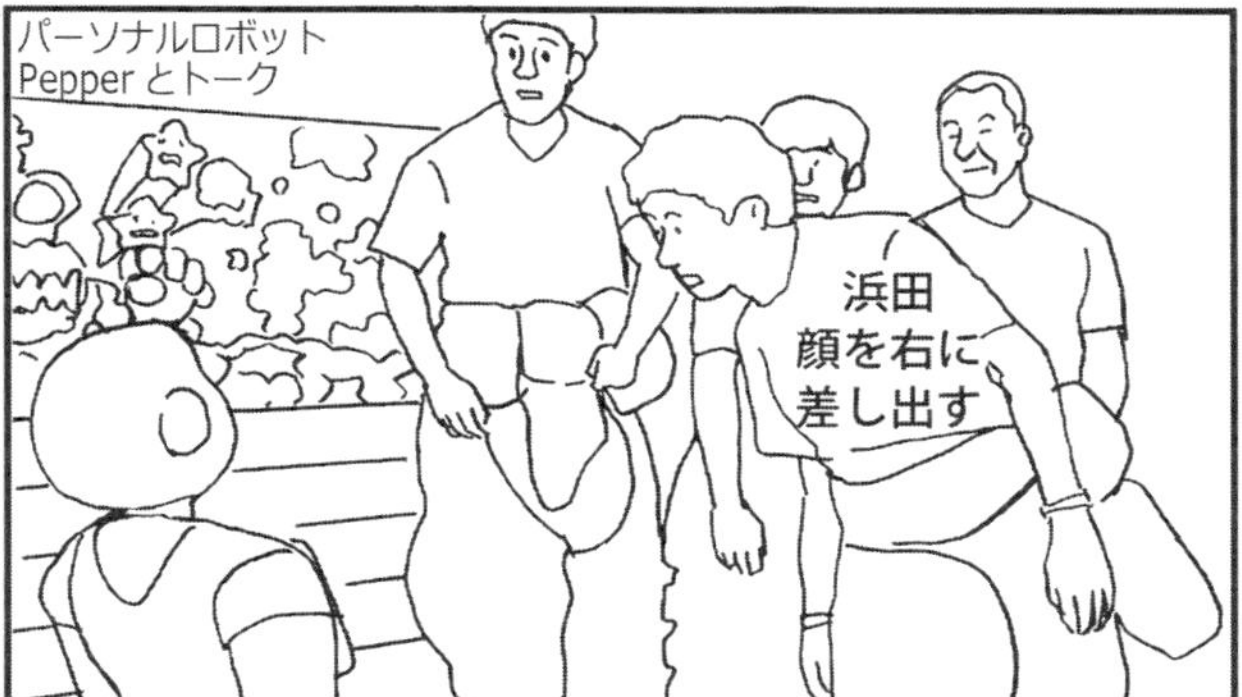

図7－4　Pepperくんの視線方向に顔を差し出す浜田

ほれぼれします」と、採用面接の本筋から外れる、用意してきたボケをかます。さらに「では、今度は新規契約しますって言ってみてください」と続け、浜田がそれに従って復唱すると、「まいどあり！　お客様から新規契約をいただきました。……な〜んてね」と、再び用意してきたボケを繰り出した。

臨機応変な会話のキャッチボールではなく、用意してきたプロットをそのましゃべり、さらに一方的なボケも繰り出す。採用面接だったはずが、いつの間にか新規契約にすり替わっていることへの違和感もある。そんな意味も込めて、浜田は、少し間をあけて無言でPepperくんをひっぱたいたのであった（図7-5参照）。

芸人の凄さはここにある。番組として筋書きになかったはずのひっぱたきは、Pepperくんのコミュニケーション能力の欠如が明らかになった状況で、それに対するツッコミも込めた、まさに臨機応変な行動であった。

その場にいた芸人たちの反応も、また凄い。番組の進行とはズレた浜田のツッコミに慌てふためき、浜田の乱行を押しとどめようとする態度を見せたのである。そして、さらに追い討ちをかけるように、浜田の相方である松本が大声で一言。「めっちゃやプラスティックな音したやん」と。それなりの知を備えているとはいえ、まだまだ機械に過ぎませんねという、松本なりの辛辣なツッコミであった。

図7－5　浜田、Pepperくんをひっぱたく

生身の人であれば……と、人に比べてPepperくんの能力の足らなさを指摘することになったが、現状のＡＩは未だこのレベルにあると言わざるをえない。というのも、先に箇条書きで列挙したことを全て成し遂げるために、今後どのように研究を進めればよいのかについて、その具体的な研究の筋道が、私も含めて研究者たちが解っていないのである。列挙した箇条書きは、人なら難なく成し遂げていることであるが、難なく成し遂げているだけに、そのメカニズムを自覚できていないと言うこともできる。

お偉方の存在を、敬称と手招きで知る。「敬う」という概念と、それに関与する語彙、口調、ジェスチャー、態度などを全て知っていて初めて理解できることである。

こういうシチュエーションではお偉方が代表として選ばれることがある。コミュニティの中での力関係や、人の付き合い方に属する知識であろう。ロボットにそういうものごとを理解させるには、どうすればよいのか？　まだ多くの研究者が、その指針を得ていないと思う。

自分の眼の前に一歩進み出た人がいることを、どう認識するか。会話をこれからすることになる相手かもしれないと認識するために、どんな知が必要か？　自分に危害を加えるかもしれない。自分の存在に気付かず、放っておくとぶつかってくる相手かもしれない。数多くの可能性が考えられる中、話し相手であると認識するためには、ここまでの場の進行具合と、司会進行役の言葉を理解し、さらに何よりも目の前の人を信用する心持ちが必要である。

「Pepperくんには、常識がまだ備わっていないということですね」。読者の多くはそう思ったかもしれない。そう、一言でいうならば常識の欠如であろう。では常識とは何か？　それは、いったいどうＡＩに備え付ければよいのか？　研究者がＡＩに常識を教え込む（プログラミングするということ）のではなく、ＡＩ自体に自然に学ばせればよいのだとしても、どのように学ばせればよいのか？　問うべきことは、枚挙にいとまがない。

ひっぱたかれたことの意味をしかと理解するのは、さらにハードルが高い。浜田がツッコんだことの意味、ダウンタウンで浜田はツッコミ担当であるということ、浜田はもともとツッコムときに軽くひっぱたく行為に出ること、したがって本気でPepperくんに危害を与えようとしていわけではないこと。これだけのことをＡＩに教え込むためには、何から手をつければよいのか？　研究者として考えなければならない問題が、たくさんある。

何よりも、ひっぱたかれて何も反応を示さないことが、人であればありえない。まだＡＩロボットには、「自己」がないのだ。痛みを知るということ。それは、論理的な推論機能以前の、感情や情動を司る本能的な身体機構である。当然、現在のＡＩロボットにそういう「身体」は装備されていない。

浜田のひっぱたきが、単なる軽いツッコミで危害を加える意図はないことは重々承知の上で、「痛いやないか。何すんねん」とツッコミ返すとか、「ちょうど、おでこ、かゆかってん。ありがとう」とボケたりするための知を装備するためには、どうしたらよいか？

そもそも月亭方正が「一人で来たの？」と素で問いかけた時に、「この番組、面白いから行ってきなさいって、ママに言われたから」とか、「トラックで運ばれてきました！」とボケてほしいものだ。お笑い好きとしてはそこまで考えるのだが、残念ながら今は、Pepperくんにそう振る舞わせるための研究方針すら立たない。

もちろん、「ひっぱたかれたら（物理的にそういう衝撃を得たことを感知して）『痛いなあ』と発言する」という類のルールをたくさん記述しておけば、Pepperくんにそう振るまわせることは可能だ。しかし、臨機応変に状況に相対することが目標だとすると、ルール記述という方針では根源的な対処とは言えない。「臨機応変ではない」ことは、すぐ露呈する。

†AIは「閉じていない世界」に直面している

ここで少し、AI研究の歴史を振り返ってみよう。今のAIブームは、第三次である。ちなみに第二次ブームと言われたのは一九八〇年代で、いくつかの分野でエキスパートシステムが制作された時代だった。エキスパートシステムとは、特定分野で専門家が持っている知識を有し、専門家と同じような推論ができるシステムのことである。例えば、診断システムMycin（マイシン）は、様々な病気の症状についての専門知識を備えていて、ユーザーが症状を入れるといくつかの質問を繰り出し、その質問に答えると可能性の高い病名を出力する。

第二次ブームが終焉を迎えた最大の原因は、専門知識を（コンピュータに埋め込むために）専門家から抽出するのが難しいという大問題に直面したからである。専門家自身が、自分の専門知識を明確に意識していない、つまり網羅的に語れないのだ。いわゆる暗黙知の壁だった。

第1章で述べた、車の運転のケースを思い出してほしい。交差点で、もしくは車が一台しか通れないような狭い路で、優秀なドライバーたちが繰り出す臨機応変な運転は、どのような知識から成り立っているのかを網羅的に記述することはほぼ不可能に近い。

第2章では、私が制作した、初等幾何学の証明問題で、適切な補助線を見つけて証明するシステムについて述べたが、これも一種のエキスパートシステムである。初等幾何学の領域では、図形において成り立つ定理や、証明を論理的に進めるための推論知識（例えば三段論法）を網羅的に列挙することは至極簡単である。その理由は、初等幾何の証明問題という領域が、一般的な世界から隔離された「限定された世界（closed world）」だからだ。限定された世界であるということは、そこで関与する知識も限定することができる。つまり、網羅的に記述できてコンピュータに埋め込むことができる。

一方、世の一般的な問題を解くときには、限定世界にとどまることはできない。マイシンが対象にした病気を、例にとろう。今まさに身体で起こっている異常な生化学プロセスの結果、本人は苦痛を訴え、医者は観察可能な症状から病名を推定しようとする。病気を特定する証拠が不十分な時には、血液検査や、ときには精密検査をして、身体で生じている現象を精密に知り、治療を施す。身体という「もの」で生じている生化学プロセスに異常があるなら、正常に戻すための内科的投薬をしたり、臓器の炎症・裂傷があったり血流を妨げる要因があれば、修復するための外科手術を行う。そういった処方は、身体という「もの」だけを扱っていればよいという意味で、ある種「限定された世界」での問題解決である。

しかし、病気に至った原因を考慮し始めると、もはや限定された世界ではなくなる。患者とともに再発を防ぐ方法を考えなければならないし、生活習慣病やアレルギーのケースでは、患者の生活習慣、生活や職場の環境などが関与してくる。「病は気から」ということわざにあるように、生活や仕事の上でのストレスがホルモンバランスを狂わせ、脳内物質の正常な分泌を妨げ、臓器や血管の正常な働きを奪うことも多々ある。

「もの」としての身体だけを扱っているのであれば「限定された世界」における処方で済むが、患者の生活・仕事の環境や、心の状態にも目を向けると、医者が相対しなければならないのは「閉じていない世界（open world）」である。そこでは、問題を解くために必要な専門知識をあらかじめ網羅的に列挙することができない。コンピュータに埋め込むこともできない。数多くのエキスパートシステムが制作されるに伴い、研究者たちはこの限界に気づきはじめたのだ。それが、ＡＩの第二次ブームが終焉を迎えた理由である。

†認識枠（フレーム）

Pepperくんに、先に列挙した箇条書きの能力を備え付けることができない理由も、全く同じである。いきなり「閉じていない世界」に放り出されたが故に、その能力不足が露呈したのだ。Pepperくんにプログラミングされていたことは、相手の声に反応して、用意されたプロットを喋り切るための振る舞いだけであったと推定できる。あらかじめ想定した「閉じた世界」のプログラミングしかされていなかったのだ。敬称や手招きを理解し、それらを根拠として、お偉方と司会進行役を区別することは想定外であった。

しかも相手が悪かった。常に臨機応変に様々な物事に反応して面白い言動を繰り出すことを生業としている芸人には、全く太刀打ちできない。ひっぱたくというツッコミを理解することもできないし、それに反応してボケをかますこともできない。

現状のAIロボットがこのレベルの知能状態であることを悲観する必要はないし、私自身それをあげつらう心持ちは一切ない。「閉じていない世界」にいきなり放り出されて、芸人に遭遇したからこそ、現状のAIの数々の問題点が明確に列挙できたのだとすれば、AI分野にとってはありがたいことなのだ。問題が列挙できて初めて、その問題をどう解決するかについての研究が始まる。「閉じていない世界」にそれまでの研究成果（例えば、ロボット）を出しては、その都度、顕在化する問題点を列挙する。そうやって研究は進むのだ。

「閉じていない世界」に臨機応変に対処することの難しさは、実は一九七〇年代から指摘されてきたことである。それは「フレーム問題」と呼ばれる、現時点でAIにとって最大の壁である。フレームとは「認識枠」のことである。状況を認識するときには、必ず、意識が及ぶ範囲（枠）が存在する。ある人の身の回りには、意識しようがしまいが、ほとんど無限の事象が生じていて、状況認識、理解、そしてある決断をもとに行動を繰り出すときに、すべての事象に気を配ることはできない。ある認識枠（フレーム）を設けて、その範囲内のものごとだけに気を配る。枠外のことは意識に上らせない（無視する）のだ。

例えば、毎朝車のエンジンをかけるときに、いちいちボンネットを開けて冷却水が著しく減っていないか、ファンベルトが切れていないか、エンジンオイルが一定量あるかを確かめる人はいない。それらは認識枠の外にしておかねば、たまったものではない。冷却水もファンベルトもエンジンオイルも、一応、車というシステムの範疇からすれば内側の出来事である。しかし、毎朝意識を配るものごとの枠の外である。

座席にブーブークッションが敷かれていて、運転席に乗り込んだ途端、お尻の下で「ぶー」と鳴るという、可愛いいたずらが待っている、と疑うこともしない。それは明らかに、車というドメインの枠の外である。

別の例として、スマホで交通経路を調べることを挙げてみよう。私の大学のキャンパスは最寄りの駅（湘南台駅）から約四キロメートル離れていて、多くの学生はバスで通っている。授業が終わって、その日は横浜駅の近くで飲み会があるとしよう。

何時にたどり着けるかをスマホで調べるとき、学生にとって、普通、認識枠内にあるのは「バスを使う」ことである。社会人に比べて金銭的に貧しい学生の通常の認識枠内に「タクシー」はない。湘南台までバスで行き、湘南台から市営地下鉄で戸塚に出て、ＪＲで横浜に向かう経路は知っている。湘南台から相鉄線で直接横浜駅に向かう経路も知っている。その学生はどちらの経路の方が早くたどり着け、しかも金額が安いかを調べようとしている。

その学生の認識枠内にあるのは、バス、市営地下鉄、相鉄、JR、必要金額、かかる時間などである。調べてみると、湘南台ではなく辻堂にバスで出て、そこからJR東海道線で直接横浜に向かう経路もあることがわかる。「そういえば、辻堂行きのバスがあったな」。辻堂行きのバスのことは知らないわけではなかったが、スマホで調べるまでは認識枠の外だったと言えよう。

このように認識枠をある程度狭めているおかげで、人は、推論や意思決定を効率的に進めることができる。枠が広ければ広いほど気を配ることは増え、推論に時間がかかり、様々な可能性を比較する根拠を持ち合わせずに結局決定できない、なんてことにもなりかねない。認識枠とは、そのためのものである。

†認識枠とクリエイティブであるということ

曖昧図形の多様解釈課題について思い出してみよう。似たような形が二つ並んでいるとペアであるとみなし、「目」や「鼻の穴」だと解釈して、ついその辺りに「顔」らしきものを見ようとしてしまう。これも、一種の認識枠である。

人は一旦そういうフレームでものごとを認識すると、ついその枠を固定化してしまう。フレームの固定化は、クリエイティブの敵である。効率的な推論や意思決定にはある種のフレーム固定が必要だが、クリエイティブに行動しようとする時には、フレームを柔軟に変化させなければならない。

経路決定の例についても、人は、必要に応じて柔軟性を発揮することができる。ほとんどの学生は湘南台行きのバスに乗るので、午後の授業終了直後はバスが混む。並んでいても次のバスに乗れる保証はない。飲み会には遅れずに到着したいという今日だけの事情があって、バスの混雑という状況に遭遇すると、空いている辻堂行きのバスで座って行こうかなとも思ったりする。認識枠外だった「辻堂行きバス」が突然枠内になるのだ。認識枠を柔軟に広げたわけである。

別の学生のことを考えよう。その日はデザイン系の授業で制作した大きな作品を持っている。湘南台行きのバスは非常に混んでいる。大きな作品は同乗する他の人に迷惑だし、何よりも作品が壊れてしまう可能性もある。辻堂行きのバスに乗ろうか？　しかし、湘南台のアパートまで帰るだけなのに、辻堂まわりなんていくら何でも大まわりすぎる。「あ、そうだ、今日だけは、贅沢だけどタクシーもありだな」。

学生はお金がないから、タクシーという選択肢は普段意識には上らない。「タクシー」が何かはもちろん知っているが、「タクシー」は認識枠の外である。しかし、こういう特別の状況下では急に選択肢として浮上するのだ。そこが人の賢いところである。認識枠を柔軟に広げるわけである。

「閉じていない世界」で推論をしたり意思決定をするときには、常に、認識枠を柔軟に広げたり狭めたりできなくてはならない。人は臨機応変にそれをやってのける。容赦ない芸人がPepperくんに期待したのは、そういうことである。敬語やジェスチャー（手招きはその一例）への留意、お偉方という概念の理解、ひっぱたくというツッコミの理解とそれに対するボケの繰り出し。これらはすべて、人同士の会話においても、普通は、認識枠の外に位置するものごとかもしれない。しかし、ある種の状況が生じると、人はこれらが内側になるように認識枠を広げる。そこが人の賢さであり、Pepperくんを始めとするＡＩロボットが未だ獲得できていない知なのだ。

第三次ブームの現在においても、実は、第二次ブームを終わらせた主な原因である「フレーム問題」については、全く解決されていない。

†ディープラーニング

第三次ブームをもたらしたのは、高速データ通信が可能なインターネットを基盤にしてビッグデータをリアルタイムに収集できる技術と、ビッグデータから意味のあるパタンを自動抽出する、「ディープラーニング」という機械学習アルゴリズムの開発によるものである。ディープラーニングの詳細は他書（例えば、［松尾 2015］）を参照されたいが、ここではそのエッセンスだけを述べておく。

それは、大量データに含まれている特徴を自動で発見する技術である。例えば、インターネットに転がっている画像を大量に集めてきて、各々の画像を構成している全ての画素をディープラーニングのアルゴリズムに入力すると、自己符号化器［同］と呼ばれる、一種のニューラルネットワークによって、画像データに含まれる共通の特徴（パタン）が見つかる。例えば、集めた画像に猫がたくさん写っていると、猫の顔や姿に相当するパタンが発見される。

自己符号化器とは何かを解説するために、まず、ニューラルネットの一般的な構造について説明する。ニューラルネットは、入力層（データを入力する段）から上方向に積み上げられた、多段構造のネットワークから成るのが普通である。ネットワークは「ノード」と「リンク」からなる（図7-6）。「ノード」とはデータの値を格納する仮想的な場所であり、図ではマルで描いてある。

ある段のすべてのノードは、一つ上の段のすべてのノードと結んでおく。その結びつきを「リンク」という。つまり、多段のネットワークを構成しているのは、各段の大量の「ノード」と、隣接する段の間の「リンク」である。

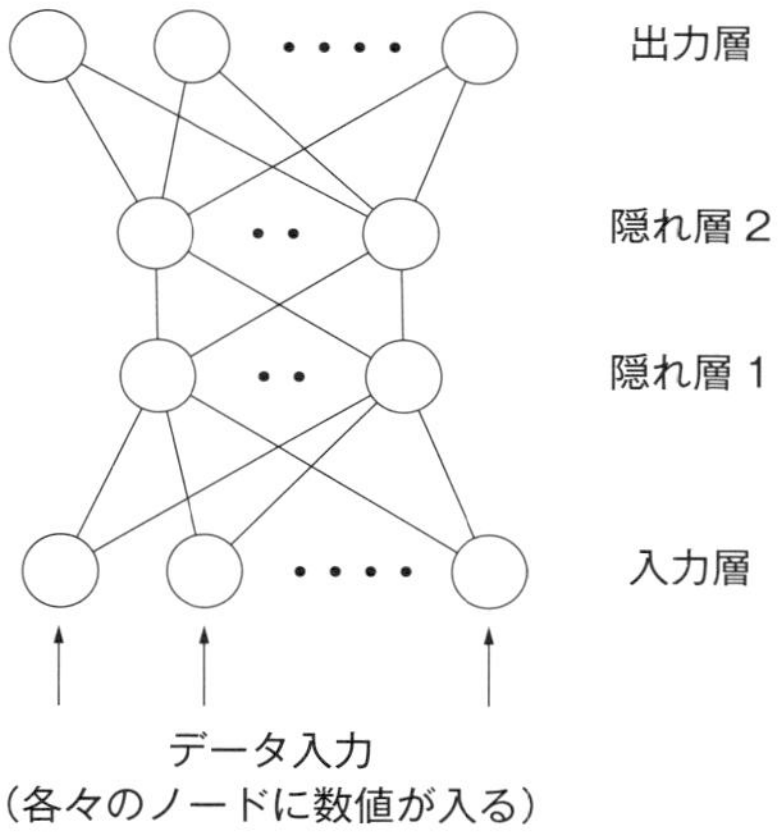

図7-6　ニューラルネットの構造

データは、数値群として入力層に入れる。例えば、白黒画像をニューラルネットに入れるということは、その入力層の各々のノードに、画像を構成する各画素の白黒（つまり、0か1）の数値、もしくはグレースケール（0から1の間）の数値を、画素数分だけ入力するということである。

入力層に値が入ると、ある計算アルゴリズムにしたがって、一つ上の段のすべてのノードの値も算出される仕組みになっている。したがって、入力層にデータを入れた後は、一段ずつ上方向に、すべてのノードの値が決まっていく。この計算アルゴリズムの詳細に興味がある方は、後述の「［コラム1］ニューラルネット」の欄を参照していただきたい。

一番上の層を出力層と呼ぶ。ニューラルネットは、その構造全体で「ある種の計算」を行っているので、その計算結果を出力する層である。入力層と出力層の間には、通常、何段かの層を設ける。それを隠れ層と言ったり（表には見えないという意味で）、中間層と言ったりする。図7-6では、隠れ層は二段に描いているが、もっと多段の隠れ層を設けることもある。

さて、自己符号化器について説明しよう。ニューラルネットに、ある工夫を施すと、「ある段の各々のノードに、一つ下の段が持っている潜在的な特徴が表出される」という機能が備わる。ある段の特徴が一つ上の段に表出され、一つ上の段の特徴がまた一つ上の段に表出され、ということを繰り返す。そこで、多段構造にしておくと、最初の入力データに潜在する本質的な特徴が、上の方の段に顕在化するのだ（何段目なのかは、入力するデータに依存するので、一概に論じることはできない）。

自己符号化器の「符号化」は、より一般的に言えば、記号化という意味である。アナログなデータに何が潜んでいるかを「記号」として明確に記述する、いわゆる「情報圧縮」の操作という意味である。入力データに潜んでいる本質的な特徴をあぶり出すことは、符号化である。ニューラルネットにどういう工夫を施すと自己符号化器になるのかについての詳細は、「［コラム2］自己符号化器」をご覧いただきたい。

自己符号化器の入力層に猫の画像を多数入力すると、第一段目の隠れ層には、単に、各画素の数値（白黒）の局所的な隣接関係が表出されるだけかもしれない。しかし、より上の段の隠れ層には、局所的な関係同士をつなぐ高次の関係性も表出される。そして、ある段まで達すると、猫の顔だと認識できるような画素パタンが浮かび上がってくる。自己符号化器という工夫を装備したディープラーニング技術で、インターネットに転がっている大量の画像から、猫の顔を自動的に発見するのである。

自動的に発見されるのは、猫の顔だけではない。人が「これは○○だ」と認識できる様々なものの画素パタンも発見されるであろう。インターネットに転がっている大量の画像を入力するだけで、そこに映っている「意味ある物体や風景」を自動的にあぶり出すことができる。その性能に世の中が大いなる期待を抱き、ＡＩ第三次ブームを呼んだというわけだ。

ただし、ディープラーニングのアルゴリズム自体は、顕在化されてくる特徴を主体的に活用することはできない。顕在化した特徴に意味を見出し、利用するのは、あくまでも人（研究者）である。隠れ層に顕在化した圧縮された特徴のうち、人が意味を見出せるものは、おそらく一部だろう（他の多くは、人が見ても意味／解釈を与えることができない可能性がある）。しかし、自己符号化器を擁するディープラーニングをうまく使えば、様々な産業への応用の可能性が高まることは確実だろう。

†ディープラーニングの限界

ディープラーニングが得意なことは、ビッグデータに含まれる潜在的なパタン（パタンとは、一般に、データを構成する各数値に成り立つ高次な関係性のことを指す）をあぶり出すことである。人の認識だけでは気づけないような潜在的なパタンをあぶり出してくれれば、過去の成功事例と失敗事例から（成功や失敗を導く原因となった）「重要なパタン」を抽出して、現状を解決する指針を与えてくれる。高速通信技術を基盤とすれば、ビッグデータからリアルタイムに特徴を抽出して活用することもできる。

例えば、車の自動運転について考えよう。現在の交差点の状況（対向車の台数、道幅、距離、角度、路面の状態など）をデータとし、過去の成功事例から抽出されたパタンの中で、現状に合致する「パタン」を選び出し、どう対処するか（アクセルをどう踏み、ハンドルをどう回すか）の解答を得ることができれば、その交差点で事故を回避する運転が可能になるかもしれない。

一定のパタンが潜在するものごとにおいては、ディープラーニングを駆使することで、うまく解決できる問題は多いと予想できる。過去のデータから大量のパタンを抽出できれば、世の中で生じている様々な状況に応じて問題解決が可能になる。臨機応変さは、「数」でカバーできるかもしれない。ディープラーニングに対する期待は、まさにその点にある。

しかし、期待が膨らみすぎることに対して、私自身は一抹の危惧を抱いている。本章の前半に論じたように、ディープラーニングも「フレーム問題」を克服できていないからである。ディープラーニングに入力する画像は、誰が撮影したのかを考えてほしい。そう、それは人が撮影したのだ。

写真を撮るとき、人は、注目している物体や風景が程よい面積を占めるように画角を決める。ディープラーニングが利用する画像は、焦点を当てたいものに焦点が当たるように、人の手が加わったものなのだ、という事実を忘れてはならない。つまり、認識枠を定めたのは、ディープラーニングではなく人である。ディープラーニングのアルゴリズムは画期的だが、認識枠を臨機応変に変える能力は一切備わっていない。

ディープラーニングが適用される対象は、画像から潜在的なパタンを見出すという問題が多いのも偶然ではない。画像には画素という客観的な単位が存在し、画素の数は有限である。したがって、画像というデータが存在する限り、全ての画素情報を一つずつ、入力層のノードに入力しさえすればよい。画像をデータとしている限り、何をデータとして入力すべきかについて、つまり、認識枠の決定という難しい問題を避けて通れるのである。

では、車の自動運転にディープラーニングを適用する時に、何を入力データとすべきであるかを考えてみよう。交差点に車が殺到している時、上手な運転者はどんなものごとに気を配って運転しているか？

道路の幅、交差点の広さ、前を行く車までの距離、前を行く車の運転者の運転挙動、自分の前後の車の台数、対向車の台数、対向車までの距離、対向車の運転者の運転挙動、交差点周辺の混み具合などなど、多岐にわたる。ある時には意識に上らないポイント（着眼点）が、状況が変われば急に意識しなければいけないポイントに変わったりする。そう、認識枠を柔軟に広げたり狭めたりする必要がある。

しかし、ディープラーニングには、認識枠を柔軟に切り替える仕組みは備わっていない。したがって、「交差点ではこれこれこういうデータを収集しなさい」と、あらかじめ認識枠を広めに設定してデータを収集しておくしか方法はない。

しかし、認識枠が広すぎるとディープラーニングの性能は劣化する。猫が画角のほんの一部にだけ写っているような画像が多数混じっていたとしたら、なかなか猫の顔や姿の特徴はあぶり出されてこない。交差点のデータ収集に際しての認識枠が広すぎれば、ディープラーニングが導き出す運転操作はあまり健全なものではなくなるだろう。

さらに、あらかじめ想定できないような着眼点も多々存在することが予想できる。すぐれた運転者ならそういう着眼点も、ある状況に遭遇すれば想起できるかもしれない。第三次ブームの火付け役になったわけだが、そのディープラーニングにも、認識枠の柔軟な切り替えの能力は備わっていないことは、現時点での技術的限界である。

†クリエイティブの源は、感情と情動の中枢機構

クリエイティブな行為の基盤にあるのは、認識枠を臨機応変に広げたり狭めたりする賢さであることを、様々な事例で論じてきた。身体で世界に触れること（現象学の言葉で言えば、「現出」を意識に上らせること）を通じて、身体が、それまで想定外だった変数（着眼点）にふと意識を向けることで、それは可能になると論じた。「メンタルリープ」や「枠を広げる／狭める」という表現からは、想定外のものごとにジャンプする、というニュアンスが感じとられるが、実はジャンプすることではなくて、身体を基盤とした自然な着眼である。

「身体で世界に触れた心持ちになれば、それまで想定外だったことにも、ふと着眼することができる」という仮説に関連する知見が、神経生物学の分野で明らかになりつつある。神経生物学者のアントニオ・ダマシオ［ダマシオ 2010］は、意思決定や推論は、論理的で冷静な推論機構だけでなされることではない、と述べている。あらかじめ感情や情動のバイアスによってふるいにかけて候補を絞った上で、数少ない候補の中から論理的な推論機構が選択をする。将棋の羽生氏が「次の一手を考えるときには、良い手だけが二つ三つ意識に上るだけで、その中か

ら吟味して決定する」と述べていることと、完全に符合する。

我々の推論や意思決定を陰で支えているのは、実は、感情や情動を司る中枢機構である。感情や情動を司る中枢機構は、間脳や大脳辺縁系といった、進化的に古い脳に存在する。その部位に損傷を被った患者は、論理的な推論機構により様々な場合分けを想起できたとしても、肝心要の意思決定ができない（つまり行動に移せない）という。

ダマシオの仮説にしたがうならば、
●大喜利で、他の人には思いつかない想定外のことに着眼する行為も
●お金がない学生という身分であっても、デザイン課題の作品を持っている日だけは、タクシーで帰ろうかなと思いつく行為も
●ひっぱたかれて何も行動しないPepperくんに「プラスティックな音」というツッコミを思いつく行為も
感情や情報の中枢機構により、無意識的なプロセスとしてふるいにかけられたのちに、選択された着眼なのだろう。

このように、クリエイティブの源は、身体ごと世界に没入して世界に触る心持ちになって、感情と情動の身体中枢機構に働いてもらうことではないかと私は考えている。その仮説に則れば、そういう身体を持たない現状のＡＩロボットに、クリエイティブな振る舞いはできなくて

当然である。

コンピュータの知は人知を超えるか

この見出しのフレーズは、「シンギュラリティ」とか「技術的特異点」という専門用語で、喧々諤々議論されているリサーチ・クエスチョンである。「シンギュラリティ」とは、人工知能の進歩が加速して人の能力を超えるような優れた知能が誕生すると、再帰的に更により優れた知能が生まれる可能性が高くなり、ついには、現在の人が想像もつかないような知能が誕生する、という概念である。

しかし、感情や情動の中枢機構を基盤とする、想定外のものごとに着眼する能力なしに、機械の知が人の知を圧倒的に凌駕することなど、私にはとても想像できない。

賢くなったコンピュータに人間の仕事が奪われることを危惧する向きもある。確かに定型作業や、潜在的とはいえ一定のパタンに沿って解決していればよい類の仕事は、コンピュータにやってもらう時代が来るであろう。しかし、現在のパラダイムで研究が進む限りＡＩがクリエイティブになることがほぼないのであるならば、人はよりクリエイティブな仕事を受け持つ方向に進めばよい。

「クリエイティブになんかなれない」と懸念を表明する読者もいるかもしれないが、それは

「クリエイティブ」のハードルを高く考えすぎであると思う。本書では芸人の事例を多用してきたので、ハードルの高さを感じさせてしまったかもしれない。もちろん、それは最高レベルのクリエイティブには違いない。しかし、今のAIにはできないことで、人なら誰でも簡単にやってのけることはたくさんあり、それらの多くはクリエイティブな行為なのである。

例えば、月亭方正の「一人で来たん?」に反応できない人は、誰もいない。今のAIにはそれさえも難しい。会話をするときに、人は相槌を打ったり、間を調整して返答したりする。相槌を適正なタイミングで適正な間を空けてうつように調整する賢さを、人はみな、持ち合わせている。

例えば、「お昼、食べに行かない?」というAさんの誘いに、適正な間で「いいね」と答えれば、すんなりと二人で食事に出かけることになる。しかし、間を空けすぎてから「いいね」と言うと、「何かまずいことでもあるのか? でも、最終的にはいいねと言ったなあ。どういうことだろう」と、小さな疑念が芽生えるかもしれない。間を全く空けることなく、Aさんの発声にかぶせるように「いいね」と言えば、「え? お昼を誘われることを期待していた?」と、Aさんは気持ち的に引くかもしれない。

相槌の打ち方や間の空け方一つで、様々な意味がそこに生じる。相槌や間の、選択や調整をするのも身体による自然な発露であり、定められたパタンにしたがって実行しているわけではない。こういう日常行為の一つ一つが、相当クリエイティブな所業なのだ。

今のコンピュータには到底できないが、人には自然にできてしまうクリエイティブなものごとは、あまた存在する。着眼の事例もそうであるが、あまりにも身体の中枢機構で無意識のまま成し遂げてしまうが故に、人は日々クリエイティブであるという事実を、我々自身が見過ごしているだけである。日常生活も含め、様々な職種でのクリエイティブを探究する研究がもっと活発になれば、コンピュータには何を任せ、人はどういう仕事にシフトするかを健全に議論することができると思うのである。

†コンピュータは日常生活に入り込めるか

ＡＩロボットや介護ロボットが、人に寄り添うように日常生活に入り込む可能性も考えはじめられている。もしそれが本当に実現するなら、高齢社会に対処する有力な策になり得る。しかし、現時点では、これも相当難しいことではないかと感じている。なぜかと言えば、人に寄り添うように日常生活に入り込むには、かなりクリエイティブであることを要求されるからである。

日常生活は一定のパタンの連続ではないか、と思う方もいるかもしれないが、そんなことはない。会話における相槌や間の事例を持ち出せばわかる通り、日常会話そのものが、臨機応変に身体の発露で為されているかなりクリエイティブな所業である。全く相槌を打たない人と話す状況を想像してみてほしい。とても話しづらいはずだ。

会話での間の空け方は、いつも理想的に調整できるわけではない。体調が悪かったり感情が乱れていたりすると、変な間で返答してしまうこともある。そして、相手に要らぬ気を回させたり、互いの意思疎通がギクシャクとしてしまったりする。日常生活に入り込むには、しかも人に寄り添うためには、それだけ高いレベルの、キメ細かい臨機応変な対応（こういうのもクリエイティブである）を求められるということだ。

昨今は人工知能、認知科学、社会言語学の分野で、身体的なコミュニケーションの研究が盛んである（例えば、[坂井田 2015]［高梨 2016]）。コミュニケーションは言語だけで成立しているのではなく、ジェスチャーや相槌、そして間合いの調整など、身体と言語のコーディネイトで成り立っている。

身体を介したコミュニケーションの研究はまだ始まったばかりで、未解明のことが多い。なんども言うが、コミュニケーションとは、身体の基盤的機構の発露として成立するクリエイティブな所業である。そういう観点からコミュニケーション研究を進めることが、ＡＩが日常シーンに入り込んで人に寄り添う未来への第一歩になる。

【コラム1】ニューラルネット

†ニューラルネットの構造

ニューラルネットは、ノードとリンクからなる多段構造であることは本文で述べた。これは人の脳の信号処理を模したものである。人の脳の神経細胞は、他の神経細胞から情報を受け取る「樹状突起」と、他の神経細胞に情報を送り出す「軸索」からなる。ノードは神経細胞の本体、リンクは軸索をモデル化したものである。

一般に、一つの神経細胞からはかなり多くの他の神経細胞に信号を伝える構造になっているため、ニューラルネットにも、図7-6のように、一つのノードから他の多くのノードにリンクを結ぶ構造を持たせるのだ。

ある神経細胞が「活性」状態にあるとき、他の神経細胞への信号の伝え方は二種類ある。「活性状態として」伝える方法と、逆に「抑制状態として」伝える方法である。後者の役割は重要である。ある神経細胞の活性が、それと結合している他の神経細胞の抑制を促すのだ（逆の伝播もある）。この二種類の伝播がないと、脳の全体が極端に活性化したり、抑制されたりする危険がある。

ニューラルネットでは、活性リンクと抑制リンクという考え方で、神経細胞のつながり方をモデル化する。リンクに「重み数値」という、通常-1から1までの数値を持たせるのだ。正の値を持つリンクは活性リンク、負の値を持つリンクは抑制リンクである。

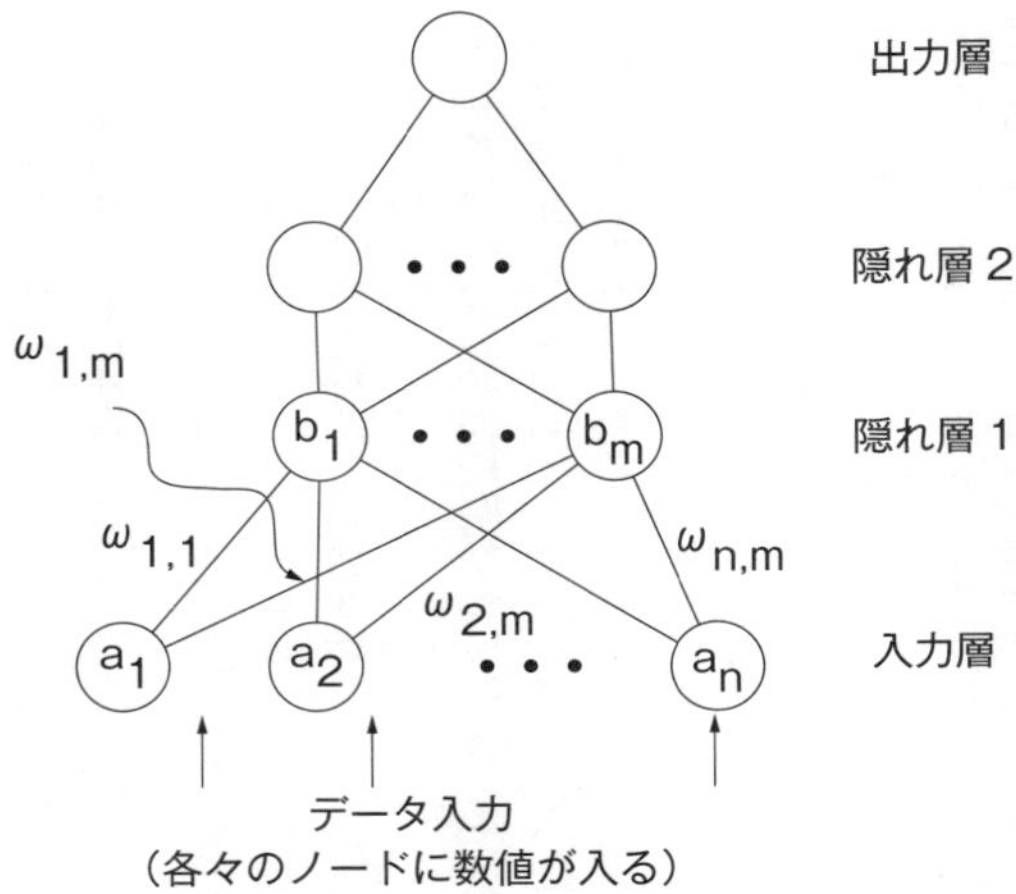

図7-7　ニューラルネットにおける値の伝播

図7-7は、入力層と、その一つ上の段の隠れ層1の間のリンクについて、詳しく描いた図である。入力層のノード数をn個、一段上の隠れ層1のノード数をm個と仮定する。

入力層のi番目のノードと、隠れ層1のj番目のノードの間のリンクの「重み数値」を$\omega_{i,j}$とする。例えば、入力層の1番ノード（一番左）と、隠れ層1の1番ノードの間のリンクには$\omega_{1,1}$という「重み数値」を持たせる。

さて、入力層の各々のノードには、それぞれa_1、a_2、……、a_nという値が入力されたとしよう。すると、入力層の1番ノードから隠れ層1の1番ノードへは、$a_1 \times \omega_{1,1}$という値が伝播される。入力層の1番ノードから、隠れ層1の他のノードへも同様に、a_1に該当する重み数値を掛けた値が伝播される。

例えば、$\omega_{1,1}$が正の値の場合、a_1の値が正なら隠れ層1の1番ノードに正のまま、a_1の値が負なら隠れ層1の1番ノードに負のまま、伝播する。つまり、$\omega_{1,1}$は活性リンクであるということだ。逆に、$\omega_{1,1}$が負の値の場合、a_1の値が正なら隠れ層1の1番ノードには負の値に変換して、a_1の値が負なら隠れ層1の1番ノードには正の値に変換して、伝播する。$\omega_{1,1}$は抑制リンクであるということだ。

この伝播を、入力層のすべてのノードから、隠れ層1のすべてのノードに対して行うため、入力層から隠れ層1への値の伝播は、以下の式に従って行う。隠れ層1のj番目のノードの値b_jは、

$$b_j = a_1 \times \omega_{1,j} + a_2 \times \omega_{2,j} + a_3 \times \omega_{3,j} + \cdots + a_n \times \omega_{n,j} \quad (式7-1)$$

という値になる。[18] 入力層のすべての（n個の）ノードから、各々の値（ai）にリンクの重み数値を掛けた値の総和である。

隠れ層1のすべてのノード（m個）の値が（式7-1）によって計算されると、次には、隠れ層1から隠れ層2への計算も同様になされる。そうやって、出力層までのすべてのノードの値が算出されるのである。

18　通常は、入力層の各ノードの値a_i（i＝1, 2, … n）から、別に定める閾値を引いた数に、ある調整関数（例えばシグモイド関数）をかけ、それに各リンクの重み数値を掛けた数を、隠れ層1に伝播させるのであるが、その詳細はここでは省略する。詳しくは［溝口 2000］をご覧いただきたい。

†ニューラルネットにおける学習

ニューラルネットは、入力データとそれに対する評価値を与え、両者に潜む潜在的な関係を学習するためのものである。例えば、車の画像データを入力データとし、ある人の好みを評価値（教師データと呼ぶ）として与えると、その人の車の好みを反映したニューラルネットに育っていく。大量の入力データと教師データを与えてニューラルネットに学習させる過程のことを、訓練フェーズと呼ぶ。

訓練フェーズが終了したのち、ある車の画像データを入力層に入れると、出力層の値が算出されてくる。その人がその車を好きなのか嫌いなのかを、ニューラルネットが推定した値である。

さて、ニューラルネットに学習させるとは、どういうことなのかを簡単に解説する。図7-8は、出力層のノード数を一個とした時の概念図である（一般に、出力層のノード数は複数個で構わないのだが、ここでは簡単のため、一個とする）。

入力層から出力層に至るすべてのリンクの重み数値は、最初、ランダムに与えておく。そうすると、入力データの値から、出力層のノードの値が算出される。出力ノードの算出値をdとしよう。

一方、与えてある教師データをZとしよう。例えば、その車が好きであれば、Zには1に近い値が、嫌いであれば0に近い値が与えられている。

もし、たまたま、算出値dが教師データZに近ければ、ニューラルネットは入力データと教師データの関係をよく反映していることになる。もし、dとZの差が非常に大きければ、反映していないことになる。つまり、ニューラルネットに学習させるとは、入力データと教師データの関係をよく反映

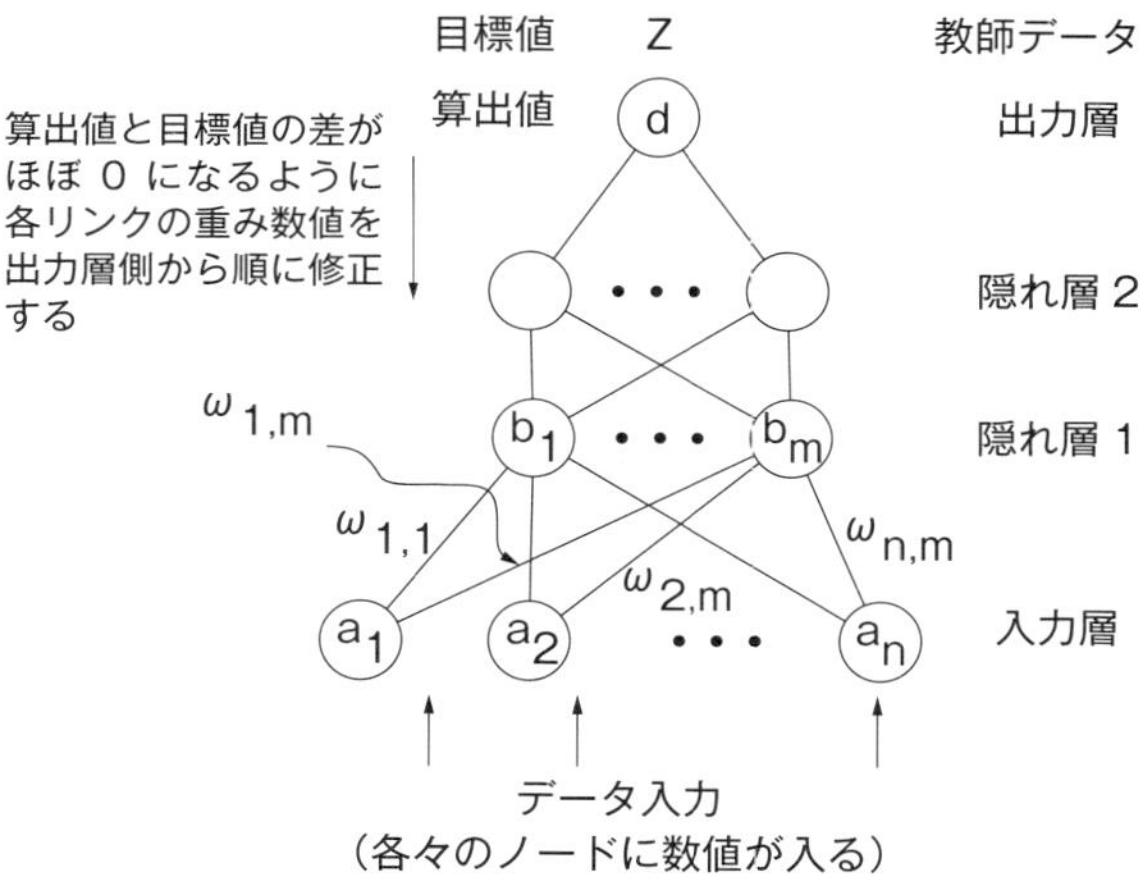

図 7 - 8　教師データありの学習の概略

するように、ニューラルネットをうまく調整するということなのだ。

調整する箇所はどこかといえば、すべてのリンクの重み数値である。ある入力データに対して、出力層の算出値 d が教師データ Z に非常に近くなるように、リンクの重み数値を調整するのである。

一般に、ニューラルネットには、入力データと教師データの対を大量に学習させるので、そのすべての対の関係をうまく反映できるように、リンクの重み数値を調整することが必要となる。それが、ニューラルネットの学習である。

では、d が Z に近くなるようにすべてのリンクの重みを修正するには、どうすればよいのか？そのアルゴリズムとして、バックプロパゲーション（後ろ向き伝播法）というものが有名であるが、ここではエッセンスだけ説明する（詳細は、専門書に任せる）。

例えば、入力層と隠れ層 1 の間の重み $\omega_{i,j}$

$(i=1,2,\cdots n,\ j=1,2,\cdots m)$ のことを考えてみよう。$\omega_{i,j}$各々の値の増減に対して、dとZの差は大きくなるのか小さくなるのかを理論的に計算し、dとZの差を小さくする方向に$\omega_{i,j}$の値を修正する。それを各段の間のすべてのリンクに対して行うのだ。

入力データと教師データの対を一つ入力するごとに、この修正を行う。そうすると、修正前に比べて、そのデータ対の関係性を反映する方向にニューラルネット全体が調整されたことになる。

そして、次のデータ対（入力データと教師データ）で同じように修正を行う。それをすべてのデータ対で繰り返す。あるデータ対で修正された重み数値が、次のデータ対では少し書き換えられることになる。それを繰り返す（通常には、大量のデータ対を、各々、複数回訓練データとして使用する）ことによって、すべてのリンクの重み数値は、すべてのデータ対の何かしらの特徴を反映するものとなる。

このように、リンクの重み数値の調整がニューラルネットにおける学習の本質である。

[コラム2] 自己符号化器

ディープラーニングの根幹は自己符号化器にあることは、本文で説明した。このコラムでは、ニューラルネットにどういう工夫を施すと自己符号化器として機能するようになるのかを解説する。

その工夫を端的に表現すると、訓練フェーズで用いる教師信号を、入力データと同一にするのである。図7-9のように、まず、入力層、隠れ層一つ、出力層という三段構造でネットワークをつくる。そして、出力層のノード数は、入力層のノード数と同じにする。

ニューラルネットに学習させるには、入力データと教師データの対を与える必要があると、「[コラム1] ニューラルネット」に解説したが、各々のデータ対において、教師データを入力データと同一にするという工夫を施すのだ。

そして、出力層に算出されてくる値と教師データの値の差を求め、その差をできるだけ小さくするような方向に、すべてのリンク(図7-9の場合は、入力層と隠れ層の間のリンク、隠れ層と出力層の間のリンク)の重み数値を修正するのだ。

すべての入力データを用いて、この作業を繰り返すと、どの入力データに対しても、算出されてくる出力層の値が、入力データの値に近くなる(完全に差がゼロになることはないと思うが)。

入力データと全く同じ値が出力層に出てくるなんて、一見、生産的でないように思えるかもしれないが、実は、そうではない。このとき、このニューラルネットに何が生じているかというと、入力データに含まれる潜在的な特徴が入力層から隠れ層の間のリンクの重み数値に圧縮されたことになるの

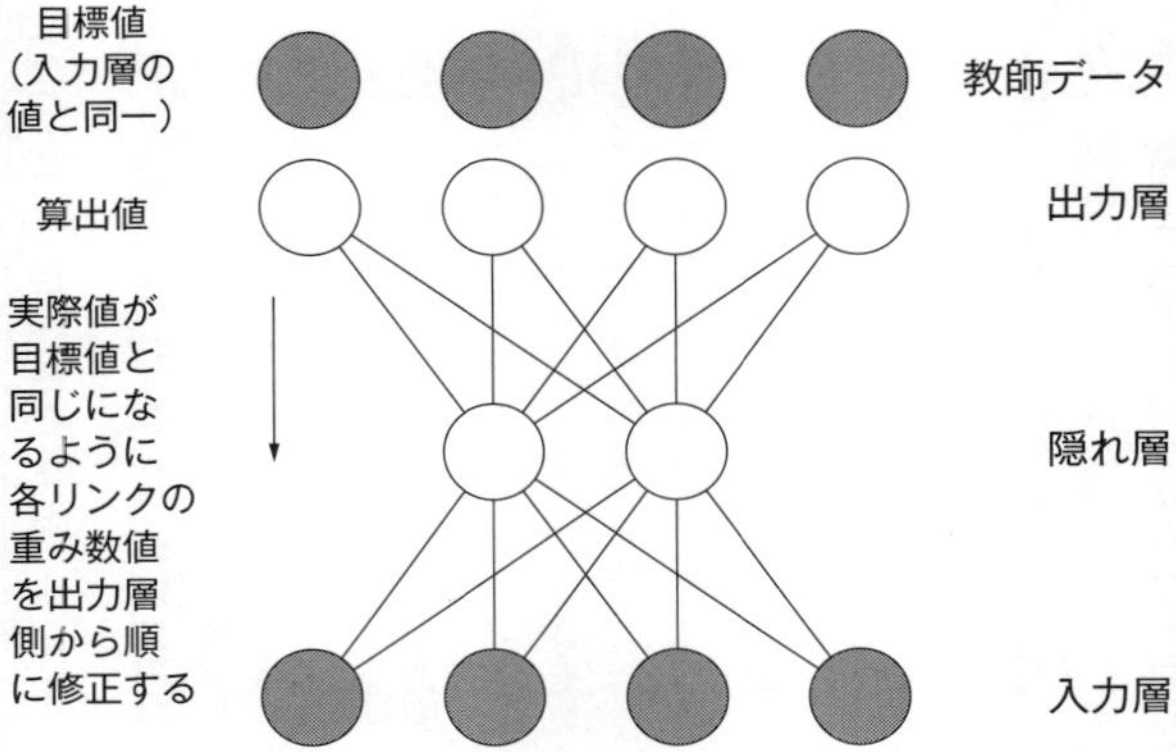

図７－９　自己符号化器にするための工夫

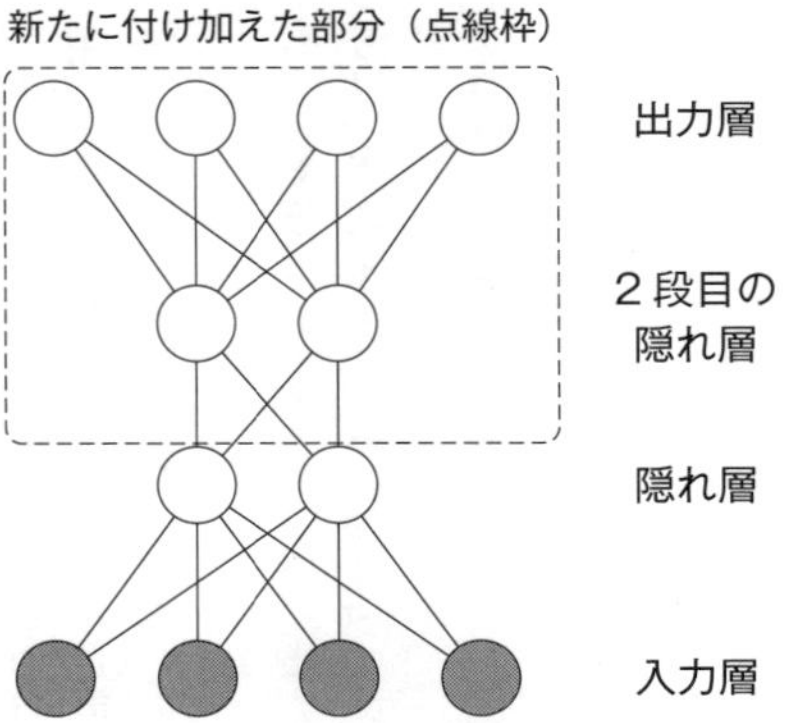

図７－10　第２段目を加える

だ。つまり、このニューラルネットは、大量の入力データに潜在する特徴を学習したことになる。それが、入力層と出力層を同一にするという工夫を施したことによる成果である。

入力データに潜む特徴をあぶり出すことは一種の「符号化」である、という意味から、このネットワークを自己符号化器と呼ぶ。

この工夫によって第一段の隠れ層が得られたら、図7-9の隠れ層から出力層に至るリンクと出力層は捨てる。そして、隠れ層の上に、図7-10のように、新たな二段目の隠れ層と出力層を作る（図の中の点線部分）。

段を一つ増やした新たなネットワークで、再び、入力値と出力値が同一になるという条件を課して、すべてのリンクの重み数値を調整すれば、第二段目の隠れ層に至るリンクの重み数値も新たに学習できる。このとき、第二段目の隠れ層は、第一段目の隠れ層のデータを更に符号化（圧縮）したものになる。

このように一段ずつ隠れ層を付け足し、その都度、同じ入力データを用いて、新しく付け足した箇所のリンクの重み数値を学習していくと、多段の圧縮装置ができあがる。多段の隠れ層を「深さ」方向に積み上げながら入力データの特徴を符号化（学習）するので、「ディープ」ラーニングという名で呼ばれている。

第8章

日常に溢れるクリエイティブ

†個人の生活の中のクリエイティブ

クリエイティブな行為は日常生活に溢れていて、社会生活を営む誰もがクリエイティブな存在であると説くことが、本書の目的である。人の話を聞いている時も、視線、目の表情、相槌のタイミング、ジェスチャーなど、身体は実にキメ細かい行為を繰り出している。

視線を例にとれば、基本的には相手を見ながら話を聞いているが、話の展開や理解度に応じて、聞き手はある瞬間にパッと視線を外したりする。目の表情も重要だ。話の内容を理解しているのか、少し疑問が湧き始めているのかを、聞き手は自然に目の表情や首の傾げ方などで表現する。それを見て話し手は、話し方を変えたりする。

日々何気なくコミュニケーションをしているが故に、キメ細かい多種多様な身体行為が互いに上手に連携を保っていることの凄さに、そして、それが状況に対して臨機応変でクリエイティブな所業であることに、我々自身が気づけていない。

一方、AIロボットは、想定外のことやパタンに当てはまらないことへの対処は苦手で、「一人で来たの?」という質問や浜田のひっぱたきに対してさえも、(それ用にプログラミングされていない限り)身体的反応を示すことができない。

身体が直に感じていること、すなわち体感にしっかりと向き合って、身体の反応として新しいものごとに着眼し、自分独自の解釈を与えることが、クリエイティブの肝である。そのことを本書では様々な事例で説いてきた。我々自身が、AIロボットには比べようがないくらいクリエイティブな存在であると自覚すること、そして、日々の生活の中に新しい着眼と解釈を見つけること(つまり、クリエイティブな側面を見つけて生きようとすること)が、ますます我々をクリエイティブにしてくれる。

AIがどれだけ進歩しようと恐れることはない。AIが得意とすることと、生身の人間が得意なことは異なる。自分自身のふとした行為がクリエイティブであることを自覚して、クリエイティブな知にますます磨きをかけることが、今の時代には求められているのだ。

私は、研究の種を常に日常生活の中から見つけることを是として、知能の研究をしてきた。社会インフラや経済産業に適用して社会貢献することは大切なことだが、社会を形作っている人、一人一人の生活に資する研究も重要である。しかし世の中の研究の大半は社会への直接貢献に目を向けていて、その根っこであるはずの個人の生活に資するという方向性が見過ごされていると感じる。

この章では、私が生活シーンでふと感じるクリエイティブな側面を紹介し、クリエイティブが生活に溢れていることへの自覚を促して、本書を締めくくりたいと思う。

†街を散策する

読者のみなさんは、自宅から最寄り駅までどんな道を歩いているだろうか。道を選ぶとき、所要時間が最大の関心事であることに間違いはない。特に朝の忙しい時間帯には、誰しも一番早く辿り着ける道を選ぶものだ。交通量がなるべく少ない道を行きたいという尺度で選ぶ人もいるかもしれない。

もし、複数の選択肢があって、どれで行ってもあまり時間が変わらない時、どんな尺度で道を選んでいるのかを自問自答してみよう。「この道の雰囲気が好きだから」。そういう気持ちが少しでもあるなら、それは、所要時間や交通量といった尺度とは異なる尺度を持っていることになる。所要時間や交通量は客観的な尺度だが、「好きだから」というのは主観的な尺度だ。「好きだから」を、もう少し掘り下げてみよう。その道の何が好きなのかをできるだけ言葉で表現するのだ。道がまっすぐ延びていて、朝、気持ちがすっきりするから。道が適度に細くてクネクネと曲がっていて、一度に全部を見通せないが、近づくとふと何かに遭遇できる感覚にちょっとした魅力を感じるから。その道はちょっと上り坂になっているので、朝ぐっぐっと踏ん張って上っているうちにやる気スイッチが入るから。「好き」を掘り下げると、いろいろ出てきそうだ。

道が真っすぐか曲線を描いているか、坂道か平坦か、どのくらいの道幅か。これらは道が持っている性質である。道の周りにどんな木が生えていて、どれがどれくらい道に覆いかぶさっているか。どんな建物に囲まれている道か。並木はあるか。あるとしたら、どんな葉の生いしげり方をしているか。どれくらい手入れがされているか。どんな間隔で並んでいるか。

住宅街なら、家々の塀は（どんな）石垣か（どんな）垣根か。商店街には、どんな街灯やサイン／看板があるか。

道の形状から始まって、商店街のサインや看板まで、列挙したものはすべて、街が有している変数（着眼点）である。[19] ある道のどういうところが好きかと改めて問われれば、いくつかの変数を列挙して、それなりの理由を語ることができる。普段、言葉でそういう変数群を意識しているか否かにかかわらず、あなたの身体はその変数群に直に接していて、その総体として「ある雰囲気」を感じ取っている。

その変数群に意識を及ぼすことが「着眼」であり、その総体から「ある雰囲気」を感じ取ったり、好き嫌いを判断したりすることが「独自の解釈」である。

同じ道を歩いても、人によって着眼する変数や解釈は大いに異なる。自分なりの着眼と解釈を得ることが、クリエイティブの基本であることを本書では説いてきた。自分が住む街に対して自分の身体が直に感じとっていることに向き合い、それを意識して（言葉にして）みよう。それは、まさにクリエイティブな日常行為なのだ。

第6章で「からだメタ認知」という、体感に向き合う手法を紹介した。街の雰囲気や、道の好き嫌いを語ってみる習慣をつけると、街でからだメタ認知を日々実践することになる。それは、街に対する感じ方を進化させ、ひいてはコミュニティに対する愛着を深めることにつながる。

街でからだメタ認知を実践する習慣がつくと、最初は、（この章で例としてあげた）定番の変数群にしか意識が及ばないかもしれない。しかし次第に、些細な、自分だけしか気づかないような変数にも意識が及ぶようになる。着眼できる変数が詳細化し、多様化する。またそれらの関係にも意識が及ぶようになる。例えば、道が狭くて、曲がっているし、更に（曲率の内側から）木々が覆いかぶさっているため、行く先が見渡せなくて、若干の上り坂だから、一歩一歩進むごとに景色がゆっくりと立ち現れてくる様子がたまらないのだ、というように。いろいろな変数が関係して自分が好きな雰囲気が構成されている、という解釈を得ることができるのだ。天候、温度や湿度、風が吹いているかどうかに応じて、見通せない陰からゆっくりと立ち現れてくるものごとは、毎日少しずつ異なるかもしれない。自分の街の些細な変化に、そして身体に生じる体感の微妙な差異に、気づくようになる。ここまで来れば、もうかなりクリエイティブな感受性を体得していることになる。

詩人、画家、小説家、デザイナー、彫刻家といった職業の人たちは、まさに、この種のことを日々やっているのだと思う。第3章で曖昧図形の多様解釈というお題を紹介した。一つの線図から多様な解釈を生成し続ける度合いにおいて、デザイナーだけが突出していたのは、こういうことなのだ。些細な変数に新鮮な心持ちで着眼できること、それに自分なりの解釈を施せることは、曖昧図形の多様解釈課題でも、街でも同じことだ。

どんな変数に着眼すればよいか、どんな解釈を施せばよいかに正解はない。正解があると無

19　ほんの一部の変数を挙げたに過ぎない。

自覚に思い込み、それを追い求めることは、クリエイティブの敵である。身体から生じている体感に直に向き合い、身体の反応として何らかの変数に着眼し、身体の発露として解釈を生み出す。

自分が比較的よく反応しがちなパタン（着眼点のセットや、着眼と解釈のセット）があるなら、それを自覚して、なるべく封印するのも策である。定型パタンを外すことは、認識フレームを固定化しないということでもある。第6章で述べたように、身体が直に接している「現出」を意識しようとすることが、固定化しつつあるパタンを封印することにつながる。

†道草の勧め

子どもは、道草が好きなものだ。真っすぐ家に帰らず、身体が赴くままに脇道に逸れ、しゃがんで地面の何かをじっと見つめたり、道端の荒れ地に入り込み草を抜いたり、枯れ木を手にしたりする。手にした枯れ木を振り回したり、ガードレールを叩いてリズムや音の微妙な違いを楽しんだりする。

道草は、子どもが独自に街に潜む変数に着眼し、自分なりの楽しさをつくりあげる、とてもオリジナルでクリエイティブな行為なのだ。

「危ないから真っすぐ帰ってくるのよ」。今のご時世、なかなか難しい面はあるが、親の一言が、実は、子どもの自由な、身体の発露に任せたクリエイティブの種を摘み取っている可能性がある。

道を歩きながらネットゲームに熱中していると、学校から家までの帰り道にある潜在的な楽しさを発見できずに、子ども時代を終えることになる。

大人になってからもそうだ。イヤホンで音楽を聴きながら道を歩く人が、今は非常に多い。耳を塞いでいるため、身の回りで鳴っている音から身体を遮断し、後ろに近づいてくる車にさえ気づかないというシーンに、出くわすことは多い。それは危険から身を守るという側面だが、イヤホンで耳を塞いでいることによって、結果として、街の変数から身を遮断していることがもったいないなと思うのである。

所要時間や車の交通量といった尺度は、客観的な尺度であると先に述べた。クリエイティブの基盤になるのは、そういった客観的尺度よりもむしろ、自分だけの主観的な着眼と解釈だ。「真っすぐ帰ってくるのよ」という親の言葉は、所要時間、安全といった側面だけを気にしたものである。しかし、子どもは往々にして、自分だけの着眼と楽しさを手に入れ、道草をくうのである。

自宅から最寄り駅までの道に、いくつかの選択肢があるなら、たまには別の道を選んで、いつも通る道との差異を感じ取り、自分なりに「ここが好き、あそこが嫌い」と評定してみる、

「大人の道草」を勧めたい。

車通勤をしている人なら、自宅から勤め先までの経路には、選択肢は多いことだろう。運転者として街に接するとき、歩く速度で接するのとは全く異なる着眼が得られるはずだ。細い道、広い道、坂道、曲がりくねった道、歩道のあるなし、対向車の量の違い、道端の建物や植栽の違い。スピードが出ているが故に気づく関係性や流れがあるはずだ。道が異なれば、運転している気分も大いに変わる。

いつもの道を行くと、ついつい認識フレームを固定化してしまう。あまり行かない道を選ぶと、見慣れない風景に出くわし、真新しい変数に着眼できるかもしれない。自宅のそばにこんな風景があったなんて！　そういう素朴な驚きとときめきが、新しい着眼と解釈を手に入れる絶好のチャンスである。

新しい道を経験してからいつもの道に戻ると、同じ道なのに新たな変数に気づくかもしれない。新しい着眼と解釈を得ることの楽しさをじわじわと体得できる。道草の効用はまさにここにある。子どもはそれを自然にやってのけている。それに比べて、大人はつい客観性や効率性に絡め取られて、自らクリエイティブの芽を摘み取ってしまいがちだ。身体の反応というより、頭で街に接している。そして、自分の住む街のことを意外に知らない。

†食べたことのない料理に挑戦する

馴染みのレストランに行って、さて今日は何を食べようかとメニューは見るものの、結局いつもの料理を注文してしまう。そんなことはないだろうか？　それが自分にとっては美味しくて、満足を得られることはわかっている。一方、新しい料理に挑戦して、もし失敗だったらこの食事がもったいないという恐れがある。そうやって「守りに入ってしまう」のだ。

自宅から駅までの道のりを、いつも同じ経路を選択するのに似ている。所要時間や交通量など、想定内の計算できる結果をもたらす尺度だけを見て、新しい発見の可能性には目をつぶる。それは、認識フレームを固定化する行為である。認識フレームの外に出れば、想定外の危険や失敗が待ち受けているかもしれないが、それまで気づいたこともない変数に着眼でき、新しい心地よさが芽生える可能性もある。失敗と発見は常に背中合わせである。食べたことのない料理に手をだすことは、道草することである。

私がよく行くパスタ屋のご主人が、こんなことを言っていた。男性の常連客は、いつも同じ料理を食べる。しかし女性の常連客は、毎回異なる料理を注文する人が多い、と。こと、食べることに関しては男性の方が保守的なようだ。

食という分野で道草をすることの効用は、食について学びを得ることであると私は考えている。食は、栄養を摂取する意味で必須であるが、ここでいう学びとは、「豊かな食体験を得る」という精神的側面のものである。

スーパーマーケットに行けば、例えば納豆一つとってもいろいろな種類がある。大粒、小粒。黒豆のもの。タレの味も様々。塩や山椒で食べてくださいという納豆もあったりする。自分が気に入っている品があったとしても、敢えてそれとは異なる新しい品にチャレンジして、いろいろなことを考えてみたいものだ。

粒の大きさが異なると、ご飯と一緒に食べるときに、口の中での味の混じりやすさが変わるのだろうか。特大の粒の納豆は、ご飯のお供というよりは、それだけで立派な一品の気分になって、一気にかき込まなくなる。つまり他のお皿と同様に、万遍なく食べる対象の皿に昇格するのではないか。塩や山椒をかけて食べる大粒の納豆は、朝ごはんじゃもったいなくて、夕飯に日本酒のあてにした方が優雅だろうか……というようなことだ。

食にまつわる様々な変数を見出し、自分なりに意味を与えて解釈してみると、毎回の食事が精神的に豊かになるのではないか。それはとてもクリエイティブな行為ではないかと思うのだ。そう思うと、同じレストランに行っても、毎回異なる料理に挑戦しては失敗や発見を繰り返す人の方が、常に同じ料理を注文する人に比べて、学びにコンシャスであり、クリエイティブであると思うのだ。

†料理のコツを体得する

次のトピックは調理である。私は料理をするのが好きである。といっても、時々休日に気が向いたときだけ、しかもパスタ料理しかしない（できない？）という、気まぐれな「男の手料理」の典型だ。三〇代の頃は、今よりもキッチンに立つ頻度は高かった。

特に好きなのが、オリーブオイルでにんにくを炒めることだ。じわっとにんにくエキスがオイルに滲み出て、唾液が分泌されるような香りが立ち込める。そこに身を置いているだけで、幸せになる。オイルベースのスパゲティはたいていこの工程があり、イタリア料理の基礎中の基礎、最重要の工程だと言われている。特に、オリーブオイル、にんにく、鷹の爪だけのスパゲティ（「ペペロンチーノ」と呼ばれる）は、具材がシンプルだけに、にんにくを炒めるこの工程が料理の味を左右する。

にんにくをみじん切りにする場合、薄くスライスする場合、一粒を包丁の腹で潰してそのまま入れる場合など、レシピや料理人によって様々だが、ここではみじん切りの場合で話を続ける。

図8-1は、みじん切りにしたにんにくを、フライパンのオリーブオイルの中に投入した直後の写真である。にんにくを入れてから火をつける。もちろんとろ火である。やがて、にんにに

図８－１　にんにくを投入した直後

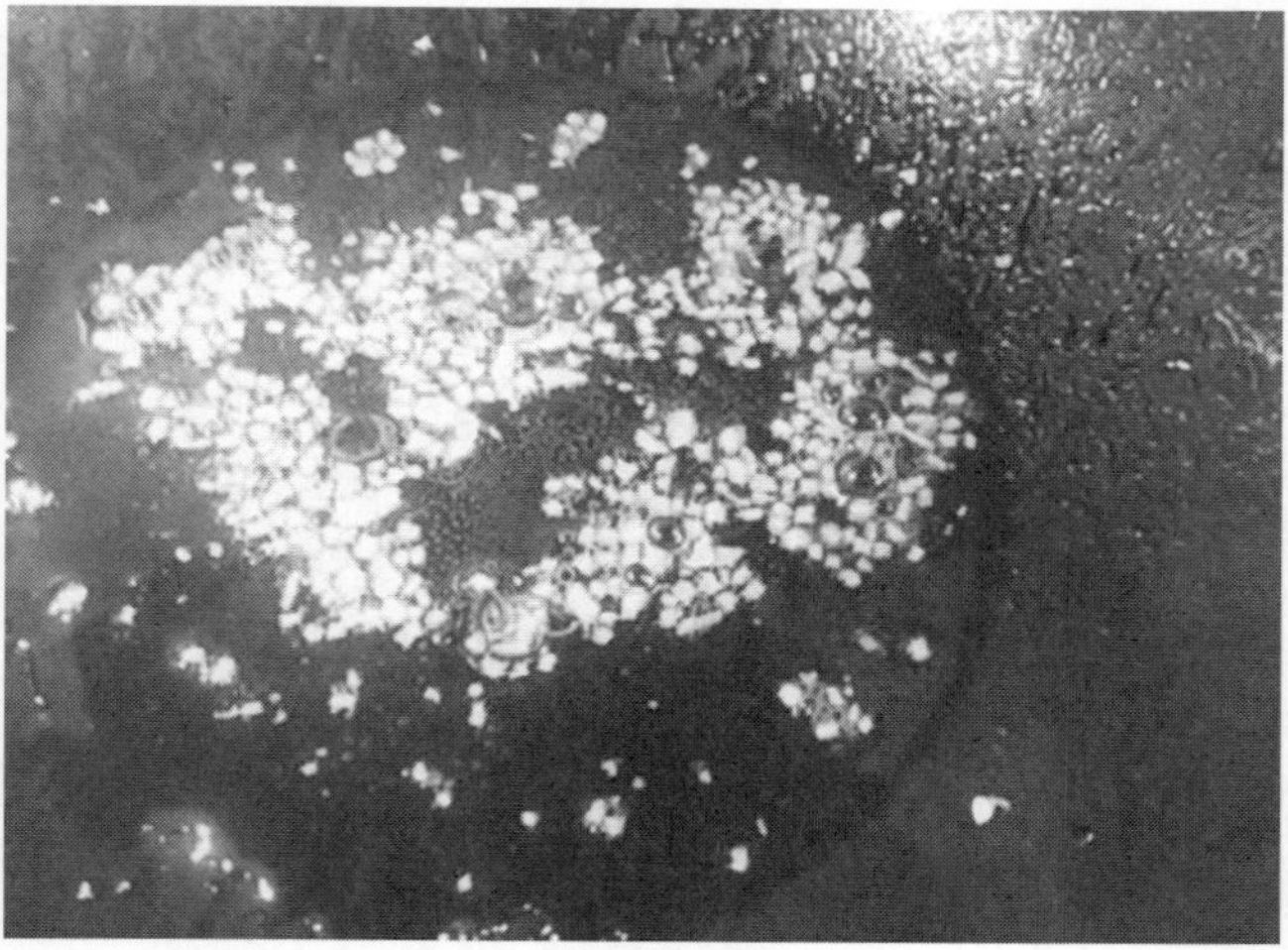

図８－２　少し火が通った頃

図８－３　火から下ろすタイミング

図８－４　炒めすぎ

くの粒から気泡が、爽やかな音を立てながらじゅわじゅわ出始める。しばらくすると、図8-2のような状態になる。粒々が黄土色に色づき始め、にんにくの粒がオイルの中でいくつかの集団に分かれてくる。

にんにくを焦がしてしまっては、焦げた味がオイルに出て、台無しである。したがって、とろ火でじっくりと、にんにくのエキスをオイルに十分滲み出させることが肝要。レシピに記載されているのはこれだけである。「十分滲み出させる」とは、果たして、どういう状態になるまで火にかけておけばよいのか？　早いと、にんにくから味が出きらず、浅薄なペペロンチーノになる。しかし、火を通しすぎると、焦げた匂いと味が料理を台無しにする。

私のアマチュアなりの経験によれば、図8-2では時期尚早、図8-3くらいがちょうどよい。見るからにわかるが図8-4は完全に火を通しすぎである。

レシピに書かれていない火加減や、火から下ろす決断時期をどう体得するのか？　毎回フライパンの状態に向き合い、いろいろなことに気を配り、その中から着眼すべきポイントを見出し、でき上がった一皿の味わいから逆算して、自分が下した決断（例えば、火から下ろすタイミング）[20]が、なぜその味につながったのかを解釈する。そういった探究心の積み重ねから、次第にこつを体得するのだ。

†私が着眼しているポイント

レシピに書いてあるのは、具材と量と調理手順である。具材の切り方や火を通すタイミングなども、ワンポイントアドバイスとして書かれていたりするが、多くの場合、アドバイスだけでは足らないことが多い。にんにくをオリーブオイルで炒めることについても、「とろ火でじっくりと、茶色に色づくまで炒める」くらいのことしか書かれていない。この工程が料理のできを決める割には、あまりにも簡素な表現だ。

料理をする人は、実践の中で、自分で意識すべき着眼ポイントを見つけ、その観点から料理

20　ペペロンチーノをつくるために重要なことは、オイルでにんにくのエキスを染み出させること以外にもたくさんある。最終的には、オイルと茹で上がった麺を合わせて、両者が分離しないように、そしてアルデンテを保つために、手早く混ぜる（工程D）ことが重要である。また、にんにくを炒め終わったオイルの中にゆで汁を少々入れて乳濁させておくこと（工程C）が、油であるオリーブオイルと、麺についた茹で汁（水分）をうまく混ぜるための下準備として必要である。にんにくを炒める工程をA、麺を茹でる工程をBとすると、A、Bを並行して行いながら、Aを終えて、茹で汁を加えるCをこなし終えたくらいにBがちょうど終わるように各工程のタイミングを図る必要がある。本文内に示した変数に留意を払いつつ、それぞれの工程のタイミングを図るのは、かなりの熟練を必要とする。

の状況を観察し、それに応じて、料理行為（火を強める／弱める、かき混ぜる、フライパンをゆする、次の工程に進むなど）を微調整したり、修正したりするしかない。

私は素人なので、もちろん、プロのシェフがどんな着眼ポイントを見ているのか、想像もつかない。私がにんにくを炒めている時に、気を配っていることを箇条書きで列挙してみる。

●みじん切りのにんにくから出る泡の大きさや勢い
●その音の爽やかさ（濁音よりは清音が好ましい）
●その音の連続性
●匂いの立ち方（突きさきさるような刺激臭ではなく、柔らかく周囲を包むのが好ましい）
●にんにくの色づき
●色づいている箇所
●オイル表面に浮くエキスの広がり方（粘性）
●にんにくの各粒の集まり具合
●茹で汁を入れて攪拌した時の白濁粒子の細かさ

などである。

一方、料理の行為として調整や修正ができるのは、

●火加減の調整

●みじん切りの大きさ（次回以降への懸案）
●にんにく各粒をフライパンのどの辺に散らばらせるか
●フライパンを動かす／傾けるかどうか
●茹で汁をいつ入れるか
などである。

にんにくの各粒から出る泡が大きすぎたり、勢いがよすぎたら、火加減を弱くする。もしくは、ガスレンジの炎が当たっている位置ににんにくが来ないように、菜箸を使ったり、フライパンを静かに動かしたりして、にんにくの位置を微妙に変える。

立ち込める匂いに突きささる刺激を感じたら、にんにくの質を疑うか、火加減を弱めることを考える。前者に原因があると思えば、別のにんにくで一からやり直すかもしれない。

じっくり炒めていると、にんにくがオイルの中で、いくつかの群れに分かれていくことが多い（図8-2のように）。各群れの大きさにばらつきがある場合は、菜箸を使って、大きな群れを分断したりする。

図8-2の頃から次第に、オイルの表面ににんにくから出たエキスの膜が薄く張り始める。もし、膜がオイル全体に行き渡らず、偏っていたら、膜が張っていない周辺でのエキスの出方を疑い、菜箸で静かに移動させたりする。

各粒からの気泡の勢いが弱まり、各粒の色づきが一粒の周辺部と中央部で差がなくなり、にんにくエキスの膜の粘性が増してきたら、火を止めて茹で汁を少量加えるのに丁度良い頃合いである。

たかがにんにくをオイルで炒めるだけとはいえども、細心の注意を払いながら様々な変数をウォッチしている。その日の温度や湿度、にんにくに含まれている水分量、にんにくの質などに応じて、フライパンの中で生じる現象は毎回異なるはずだ。フライパンで起こる状況と、香りなど、私の身体に訴えかけてくるものごとにしかと向き合い、事は理想的に進んでいるかどうかを観察し、異変の兆候があればそれを見逃さないようにする。

異変ではないが、エキスの出方がなんだか理想から程遠いと感じることもある。その体感を気に留めておいて、完成した一皿の味わいとの関係を後で考える。

この工程が理想的に進んだと感じた時には、完成の味わいが楽しみになると同時に、その後の工程もうまく進めなければと気を引き締める。

†聴こうとして、聞こえてくるものごとを逃さない

異変を察知したり、理想状態との距離を感じ取ったりするのは、身体である。留意すべき変数のリストは頭にあるが、それを知識として一つ一つチェックするのではない。むしろ、身体

で反応しようと「アンテナを張っている」のだ。

社会学者の内田義彦氏は、著書『生きること学ぶこと』［内田 2013］の中で、「何かを聴こうとしていて、聞こえてくるものごとを逃さない」ことが肝要であると述べている。「きく」にも、「聴く」と「聞く」の二種類があるということだ。

「聴」こうとするとは、すなわち、留意すべき変数群を念頭に置くということであり、もちろん大切だ。しかし、実際に「聞こえる」ことがその変数群だけにとどまっていてはいけない。リストアップした変数群は、あくまでもそれまでにその人が気づいた側面を表しているにすぎないが、現実はより複雑なはずだから。未だ気づいていないが「聞こえてくる」かもしれない側面はたくさん存在する。それを「聞き」のがさないようにすること。それが内田氏の言わんとすることだ。

新しいことが「聞こえてきた」としても、即、新しい変数を見出したとは限らない。リストアップした変数群で表現できることではなく、なんだか異様な体感を覚える。そんな違和感を見逃さないことも、「聞く」ことのうちなのだ。最初は違和感を覚えるだけかもしれないが、その正体を解ろうとより注意深く観察したり考えたりしていると、今まで気づいたことのない新たな変数を見出せるかもしれない。そうやって、リストアップされる変数が増える。

そんな意識を持って料理に向き合えば、日々、こつは磨かれていく。こういう意識を維持できるのはプロの料理人だけである、などということはない。何よりも食べることが好きであり、より美味しいものを食べたいと願って探究するマインドを持ち合わせていれば、アマチュアでもできる。

「聴こうとしながら、聞こえてくるものごとを逃さない」という心持ちは、まさに探究マインドそのものである。そして、既に意識に上っている変数群の視点から外界の状況を観察しながら、まだ見ぬ新しい変数へのアンテナを張ることは、「フレーム問題」を乗り越える方策でもある。あなたがただ「聴いている」だけなら、認識フレームを固定化して外界を見ていることになる。「聞こえてくるものごとを逃さない」ことと、臨機応変に身体の反応としてフレームを広げることは同じなのだ。

†こつの体得はクリエイティブな学びである

街の散策でも同じである。自分の中で定番の着眼点(変数)を念頭に街を見ていながら、新しい違和感を「聞き逃さず」、まだ見ぬ新しい変数を見つけることができたなら、街の散策はますます楽しくなる。

新しい変数を見つけると、既に定番の変数群と関係付けようとする思いが、芽生えるものだ。例えば、自宅と最寄り駅のあいだにある、曲線を描く長い坂道は、いたるところに樹木の葉が覆いかぶさっているとしよう。曲線を描いていること、そして木が覆いかぶさっていることから、道の先は見通せない。歩くごとに先の景色が徐々に立ち現れてくる。それが密やかな楽しみを感じさせてくれることを意識しているとしよう。

密やかさがあるということは、即ち、囲まれている感が強い。実際に、道の脇に建つ家々や覆い被さる木の幹や葉などに囲まれ、視界が空に抜けている箇所も少ない。

密やかな自分だけの空間ではあるが、身体を囲む様々なものに圧倒されるような圧迫感は露ほどもない。それはなぜだろうと、考える。この坂を上ると、いつも、道の先から、微かにそよぐ空気の流れを感じるからではないか？　そう思い至ったとき、あなたはこの坂道のことを、今まで以上にわかったことになるのだ。

「曲線を描いている」、「樹木が覆い被さっている」、「見通せない」、「空への視界も抜けていない」、「物理的に囲まれている」は、前々から気に留めていた変数群である。そして、「密やかな楽しみ」、「自分だけの空間」は、その変数群の関係の上に成立する、自分なりの意味解釈である。

ある日ふと、「坂の上からそよぐ空気の流れ」という新しい変数に気づいたおかげで、あなたは「圧迫感がない」という新たな意味をこの坂道に見出したのだ。自分だけの楽しみを覚えながら歩くことができるのは、実は、空気が流れているのを生身の身体がいつも感じ取っていて、物理的には囲まれていても精神的に圧迫感がなかったからなのか！　そう理論づけたのだ。そのとき、もうあなたは、この坂道の虜になっている。街の散策自体の虜になっていると言ってもよいかもしれない。様々な変数に着眼し、それらの関係性に意味を見出し、「街の感じ方」というこつを一つ体得したからだ。街には多種多様な空間が潜んでいる。その各々の空間に応じて、街を感じるこつを一つずつ見出していくことになる。

大学の同僚の社会学者、加藤文俊さんと私は、一年半に亘って東京の街を歩き、そういうこつを全部で四九個収集した（詳しくは、拙著『一人称研究のすすめ——知能研究の新しい潮流』［諏訪他 2015］をご覧いただきたい）。対象についてこつを多数体得するようになると、その対象について自分なりの理論を築き上げているものだ。

様々な変数への着眼、意味解釈の付与、こつの体得、理論の構築という一連の過程はまさにクリエイティブであり、そうやって身体知は、日常生活の中で育まれていく。探究心さえ持ち続ければ、誰もが、生活に新たな工夫を施し、生活の質を変化させることができる。「クリエイティブは生活に溢れている」というのはそういう意味である。

†野球の打撃スキルの学び

私は、子どもの頃から野球に親しみ、学生時代も、研究者になってからもずっと、趣味として続けてきた。自分で言うのもなんだが、走ることと投げることにはある程度の才があったと思う。外野手として、打球が放たれた瞬間ではなく、むしろ、打者がバットで球をとらえるインパクトの少し前に、打球の落下点を身体で感じ取り、捕球に向けてスタートを切ることは得意だった。塁に出たら投手のモーションを盗んで盗塁することも私の武器だった。

しかし、打撃スキルはお世辞にも高くなく、走る選手、守備の選手という認識が自他共にあった。身体能力からすればもっと打ててもよいはず。何がダメなのだろうかと頭を悩ませてきた。

かれこれ一〇年くらい前に打撃スキルを研究の題材に据えはじめてから、状況は好転しはじめた。自分を被験者にして身体知の研究を行うという、いわゆる「一人称研究」を始めたのだ。一人称研究とは、研究対象とする現象を一人称の視点から見て、体感して、記述し、そのデータを活用して、現象を読み解く新たな視点を見出したり、その現象に潜む知の姿についての仮説を立てたりする研究である［諏訪他 2015］。既知の仮説を検証するタイプの研究とは相補的な位置付けにある。

野球の打撃の場合、視点を見出す対象は多岐にわたる。身体には様々な部位がある。身体を制御するときにどの部位に意識を置くべきかを見出すこと、もしくは複数の部位のあいだに関係性を見出すことは、視点の発見の一つのタイプである。

また、道具（バットやスパイク）をどう操作すべきかを考えることは、身体と道具の関係の中に視点を見出すことである。前腕の力、脚力、全身のバランス制御、バネ、股関節や肩甲骨の柔らかさなど、身体能力は人それぞれ異なる。自分自身の身体能力の固有性に応じて、どのような性質の道具を使うのがフィットするか、それを操作するために身体部位の何に意識を置くか、そもそもフィットするとはどういうことかを模索することが、身体と道具の関係の中に視点を見出すことである。

打者は、対戦する投手の投球モーションにも、視点を見出す。どんなに身体能力が高くても、投球モーションにタイミングを合わせてスイングを始動できなければ、うまく打つことはできない。タイミングを合わせるとは、一般に、「間合いをつくる」という行為である。間合いとはそもそもどういう現象なのかは、未だ解明されていない。

ある投手と相対するときには簡単に間合いを形成できる（タイミングが合う）のに、別の投手になると全く合わないことも、しばしばである。タイミングが合うときは何をしていて、合わないときには何が成り立っていないのか。その探究には一人称研究が向いている。

私は右打者で、これまで約二〇年は、左足を大きく上げてバックスイングを行うというフォームで打っていた。そのフォームでは、最初のスタンスから、いつ左足を上げる動作を開始すべきかが、大きな関心事である。

左足を大きく上げると着地までに長い時間を要するので、左足を上げない場合に比べて、バックスイングを早く始動しなければならない。私は、長年、投手が上げた足を下ろし始める動作[21]をきっかけにして、バックスイングを始動していた。打者としての自分の身体を制御するときに、「投手が上げた足を下ろし始める動作」に視点を見出していたということである。

投手は、その後、体重移動、左足の着地、右腕の回旋、球のリリースという順番で球を放ち、球が私の元（ホームベース）に到達するまでに更に零コンマ数秒の時間がある。投手が左足を下ろし始めるという、投球動作のかなり前半でバックスイングを始動していたのは、私のバックスイングが時間を要するからである。

ところが、投手のモーションも様々である。左足を上げて一本足で立つフェーズが比較的長く、おもむろに左足が下り始める投手もいれば、一本足で静かに立つフェーズが全くなく、左足の上げとほぼ同時に体重移動が開始される投手もいる。

21　投手も、打者と基本原理は同じであり、右投手の場合は、左足を上げて右足一本で立ったところから、打者側に体重移動を行いながら、左足を着地して、その体重移動のパワーを右腕の回旋運動につなげる。その体重移動は、上げた左足を下ろし始めることから始まる。体重移動とともに右腕が投げる準備を始め、それから左足の着地、そして、右腕が上がって回旋を始め、左足に体重を乗せながら頭の上前方で球をリリースする。

後者の投手の場合、私には困ったことに、左足を下ろす動作の開始が明確につかめない。つまり、左足が下り始めることをきっかけにしていた私には、後者のタイプの投手だと、きっかけがつかめず、バックスイングの始動がどうしても遅れてしまう。結果としてバックスイングが中途半端になり、パワーを溜め込めない。これが長年の悩みであった。

実は、今年から、私は、どんな投手にもタイミングを上手く合わせるために、左足を大きく上げないフォームに変えた。大々的な改造であり、選手としては並々ならぬ決断を要した。もともと左足を大きく上げていた理由は、その方が、スイングという回転運動の軸が形成される体感を得やすかったからである。一般に、上手く打つためには、回転軸を形成し、それをはっきりと体感することが必須である。足を上げなくても軸の形成を体感できる選手もいれば、足を上げて初めてそれを体感できる選手もいる。私のフォーム改造は、後者の選手から前者の選手に変わることを意味する。

左足を上げる動作が「軸の形成」に必須であると感じていたということは、左足の上げと軸の関係に視点を見出し、その視点を基に身体を御することである。フォーム改造を成就させるためには、それとは異なる新しい視点を見出す必要があった。

†「頭の位置」という新しい視点

私が見出した新しい視点は「頭の位置」である。打者としての私は、左股関節を通る鉛直線にスイングの回転軸をつくる必要がある。[22]頭部は大きな重量を有することや、投球の軌道をぶれずに見るために頭は大きく動かさないことを考えれば、頭の位置するところが回転軸になるのが自然である。したがって、私の場合、バックスイングのときもバットを振りだしたときも、常に頭が左股関節の鉛直線上に位置することを念頭に置いて、身体を制御するのがよい。

「頭の位置」という視点を見出せたのは、身体動作についての論理的な思考からではない。本書で繰り返し説いてきたように、（素振りのときの）体感にしかと向き合い、その微妙な差異を感得して身体を制御してきたからである。ひょんなことで、頭が左股関節の鉛直線上に位置するフォームになった時があった。その時それまでの体感とは微妙な差異だが異なると気づけたのだった。

22　この考え方は、廣《ひろ》戸《と》氏が提唱した4スタンス理論［廣戸 2007］に基づく。身体は人それぞれ固有性を有するので、正しいフォームはただ一つではなく、少なくとも4つのタイプがあることを説く理論である。フォームを分けるポイントの一つが回転軸を形成する位置である。投手側の股関節（右打者であれば左股関節）を通る鉛直線を回転軸とするのが適切な選手と、捕手側の股関節（右打者であれば右股関節）を通る鉛直線を回転軸とするのが適切な選手がいる。

ことが、「頭の位置」という新たな視点を獲得するに至ったきっかけだった。

そういう新しい視点を見出した途端、もはや、左足を大きく上げる必要がなくなった。ちょっとした視点の獲得が、フォームを大々的に変えさせたのだ。新しいフォームでは、投球前に構えているとき、バットを握るグリップは頭の近くに置く。頭を左股関節の上に保つ意識を持っていさえすれば、グリップをすこしキャッチャー寄りに移動するだけで自然にバックスイングの体勢に入り、意識せずとも左足は地面を離れて投手方向の空中に浮くではないか！　意識して大きく上げるのではなく、自然に浮くのだ。以前に比べればかなり静かなフォームだが、その後始まる回転の軸の位置をしっかりと予感しながら、回転のためのパワーを溜め込んでいる体感がある。

タイミングを合わせるきっかけについての意識も大きく変わった。投球モーションの特定動作（先の例では、左足が下り始める動作）をきっかけにするのではなく、投手の身体が私に向かって押し寄せる体感がゾワッと私の身体内に生じるのを待ち[23]、それに私自身のバックスイングの体感を呼応させるのだ。動作レベルで合わすのではなく、体感レベルで呼応させるという意識になったのだ。こういう意識下では、タイミングは「合わせる」ものごとではなくなり、あたかも「自然に合う」かのような現象になる。

新しい視点の発見とは、「変数の着眼」と称してきたことと同じである。打撃スキルの場合、変数の候補は、自分の身体部位、道具との関係、相手投手の動作や身体部位、自分が立っている地面と身体の関係など、多岐にわたる。身体能力には固有性があるため、あらゆる選手が同じ変数に着眼すればよいというわけではない。もちろん、身体制御の理論上、すべての選手に普遍的に成り立つような、変数同士の関係もあるだろう。

身体スキルの学びが難しいのは、普遍性と個人固有性が混在し、その境界が必ずしも明確ではないことである。したがって、最も重要なことは、基本的な理論は念頭に置きつつ、自分にとって固有の重要変数を発見することである［諏訪 2016］。

一人の選手にフィットする打撃フォームはただ一つしかないというわけではない。一人の選手が、新しい変数への着眼を経て、これまでとは全く異なるフォームに移行することができるのだから。自分固有の身体能力を土台にして築ける様々なフォームの可能性の海に漂いながら、自分固有の重要変数を見つけ、変数同士の関係性に気づき、身体を御する理論を見つけていく過程は、まさにクリエイティブそのものと言って過言ではない。

23　これは「聴こうとする」のではなく、「聞こえてくる」ことへの気づきの典型例である。

†料理とお酒の相性を考える

ワインの世界には、マリアージュ（相性）という言葉がある。どんな美味しい高級なワインでも、一緒に食べる料理との相性が悪いと、残念ながら美味しくない。ワインも料理もともに高級なのに、一緒に食べると両方の良さが奪われるのは、実にもったいない。逆に、それほど高級なワインでなくても、料理との相性が合えば、値段以上に美味しく味わうことができる。

私が研究者駆け出しの頃、たまに行っていたお好み焼き屋で遭遇したエピソードを紹介しよう。調理中の油分が店中に拡散していて、畳の色は変色しているし、表面はベタッとしているし、なにせ汚い店だった。お好み焼きがまあ美味しいので時々行っていた。

ある日、店の主人が、この日本酒、お好み焼きと一緒に飲んでごらんと、注文してもいないのに出してくれた。見れば、にごり酒である。まず一口飲んだ。お世辞にもうまくない。舌を刺す刺激が強いし、甘さに上品さのかけらもない。

しかし、お好み焼きの一切れを食べた直後に飲んで驚いた。なんとも言えない甘さとコクが生まれる。全くの別酒ではないか。その店のお好み焼きのタレとその日本酒の相性が、バッチリだったというわけである。甘くて粘り気と刺激がある点が両者の共通項で、それが合わさると、不思議なことに、その酒の下品さが消える。マリアージュという概念は、ワインだけのものではない。あらゆるお酒と料理に適用できそうだ。

二、三年前から日々の食事の中で、日本酒の味わいをことばで表現することを習慣にしている。数名の研究者と一緒にやっている研究プロジェクトで、集まった言葉群を集計したり分析したりして、言葉と体感の関係を探究する身体知研究である。第6章で詳しく言及したので、そちらも振り返ってほしい。

そういう生活研究をしていて気づいたことがある。お好み焼き屋の体験以来、私は日々の食事の中でいつも、「相性」を頭の片隅で考えていたのかもしれない。料理とお酒の相性を意識的に選ぶ感覚――これも身体知だと言ってよいのだが――を体得していたのだ。

私がやっていることを、身体感覚にできるだけ違わないように表現してみると、以下のようになる。まず、お酒から味わう。お酒から湧き起こる体感への留意を保持し、反芻しながら、メニューに載っている料理の一覧を見る。各々の料理を食したときに生じるであろう体感を想像し、反芻しているお酒の体感とその料理の体感を意識の中でブレンドする。うまくブレンドされるときもあれば、喧嘩するときもある。そして、うまくブレンドされる体感を得た料理を注文するのだ。

巷には、相性についての様々な知識が転がっている。牡蠣にはシャブリが、濃厚なソースの牛肉にはカベルネソービニョンのタンニンが強めの赤ワインが合うと。しかし、私は、とりあえず、そういった知識の適用は封印している。まずは自分の身体に生じる体感を信じ、それに向き合って、体感の微妙な差異や融合を考えてみるのだ。

選んだ組み合わせを俯瞰すると、結果として、甘い料理には甘いお酒を、淡白な料理には淡白なお酒を、濃い料理には濃厚なお酒を選択しているように思えることもある。これも、私の体感から形式知化されてきた知識であろう。したがって、相性を考えるときにそれを明確に意識すれば活用できるわけではあるが、先に書いたように、なるべく頭で考えることは封印している。認識フレームの固定化に繋がらないように、という防御策だ。

もちろん、体感を想像するだけなので失敗はある。その料理を注文してそのお酒と合わせてみたら、実際にはイマイチだったとか。メニューから推察できるのは、使用されている食材だけなので、味付けやどんなソースがかかっているかまでは、前もってわからない。合うかもと思って注文した料理がサーブされてきた時、「ああ、こういうソースがかかっているのか。じゃあこのお酒には合わないな」と思うこともある。

え、そんな組み合わせ？　と、頭で考えていてはとても選択しないような料理を注文してみることもある。その相性が良かったりすると、もうご満悦である。共同研究者や家族からは、私が選んだマッチングをたまに褒められることがある。「この組み合わせ、思いもよらないけれど、結構いけるじゃない」と言われると嬉しい。

料理とお酒の相性を考えるのは、体感にしかと向き合い、知識の適用ではなく身体の反応として選択し決断を下すという、一種の発想行為である。大喜利で、普通は思いつかないような何かを持ち出す（他者には大きな飛躍をしたように映る）ことと同じだ。身体の反応として選択を行うからこそ、認識フレームを固定化することなく、それを飛び越えた発想を得ることができる。食事にまつわる生活シーンはクリエイティブの宝庫である。

本書のまとめ

本書では、クリエイティブに関する過去の研究で取り上げられた事例、プロフェッショナルな職業の方々が発揮すること、そして何気ない生活シーンに転がっている事例を紹介してきた。一番主張したかったことは、クリエイティブはプロだけの聖域ではなく、人はみなかなりクリエイティブなことを生活の中で何気なくやっているものであるということだ。

もちろん、クリエイティブにも段階がある。ラーメン屋のカウンターで相談を受けている時に、臨機応変に相槌をして、適正な間をつくりだしながら応答するというクリエイティブと、大喜利の粋な解答を思いついたり、爆笑を誘うような一言を瞬間的に繰り出したりする芸人のクリエイティブには差がある。誰もが後者のようにできるわけではない。

重要なのは、ＡＩの現状を俯瞰すればわかるように、前者の能力だけでも十分クリエイティブであり、そのメカニズムはまだ未解明であること、しかし我々の身体は現にそれをやってのけていることを、我々自身が自覚することである。

そして、クリエイティブの能力を根底から支えているのは、頭（知識の適用）ではなく体感にしかと向き合い、身体の反応として脳裏に浮かび上がってきたことを外に吐き出す行為である。そういう習慣を、是非、日々の生活の中で形成したいものである。他でもない自分の身体に生じている体感に向き合い、その微妙な差異を感知したり、融合したりすることを、生活の中で実践することである。

生活を形づくっているものごとは多岐にわたる。人それぞれ、重きをおく領域や生活行為が異なる。体感に向き合うという実践を日々の生活の中で営むことができるのは、どんな領域か？　身体の感覚に正直になり、それを徐々に見出すことから始めるのがよい。興味を持てる領域や生活行為を見出すことができれば、そこにクリエイティブの種が一つ生まれる。

ひとたび、ある領域や行為でクリエイティブな習慣を形づくることができたなら、別の領域や行為でも、同様な習慣を形成することは容易になるはずである。本書で説いてきたように、新しい変数に着眼し、個性を反映した意味や解釈を付し、独自の固有性を孕む理論を築き上げることが、クリエイティブな知を醸成するための基本だからである。それは、領域や行為を越えて通用する、何ものにも代えがたい認知資産である。

あとがき

「あとがきって、どんなことを書けばいいんだっけ？」いざ書こうしたのだがどうも気分が乗らなくて、そんなつぶやきが漏れ出た。

過去に書いたものを引っ張り出して、「あとがきってのは、えっと……『何の話？』と一瞬思わせておいて、でも実は、書の内容に関連があるトピックを書くことを通して、一段抽象化したレベルから書を眺めるって感じか。ふむふむ……」などと、分析してみたりした。

では、一見関係なさそうで実はあるようなトピックは、この書の場合、何だろう？脳味噌の中をサーチしてみるが、適当な内容が思いつかない。まだ気分も乗らない。

そして、はたと気づいた。僕は、あろうことか、頭で、分析的に、知識主導で「あとがき」を発想しようと目論んでいるではないか！と。

思えば、一冊の書の中で、「はじめに」や「本文」と比べて、「あとがき」のなんと自由なことか。一見関係なさそうで実はあるようなトピックを選ぶということは、本書の重要キーワードの一つである「跳ぶ」こと、そのものではないか。「あとがき」が最もクリエイティブであることを必要とする。

「跳ぶことは結果であって、どう跳ぶかを頭で考えるのではない。あくまでも身体の発露で跳ぶのだ」と主張しておきながら、その舌の根も乾かぬうちに、著者の僕が、分析的に知識主導で書こうとしていたではないか！　執筆を終えた身体がいままさに何を体感しているか。その体感のままに、気分に任せてふわっと思いつくことを文字にしてみよう。そう思い直した。

＊　＊　＊　＊

村上春樹さんの『職業としての小説家』［村上 2016］の一節で、彼は、毎日の生活のリズムを大切にしている、と書いている。書けそうか否かの気分にかかわらず、毎日決まった時間に机に向かい、決めた枚数はとにかく書く。日課としてのランニングも欠かさない。食事も睡眠もきちんと取る。小説家は身体が資本である、そして、ものを書ける状態に身体を整える努力を怠らないことが長年小説家として働くために必須であると、彼が考えているからだ。

物語は、知識主導で、頭で創造するのではなく、身体の発露としてつくりあげる。村上氏が言いたいのはそういうことなのだと解釈している。本書の文言でいうならば、村上氏は「身体性の作家」だ。

物語を書き進めていくうちに登場人物が「自然に動くようになる」、という趣旨のことも書いている。頭で執筆していたのではそうはならない。

知り合いの情報デザインの先生がよく仰る言葉がふと浮かんだ。「若いときに指導教員から求められたことは、デザインのお題一つに、一〇〇枚くらいスケッチせよということだった」らしい。デザインのお題なので、まさにクリエイティブを求められる。大量にスケッチを描けば、一つや二つクリエイティブな案に遭遇する、という「数撃ちゃ、当たる」的なことでは決してない。

一〇〇枚も描こうとするとき、最初のうちは頭で、知識主導で描いていたとしても、じきに枯渇する。数をこなすためには、勝手に手が動くモード、つまり身体の発露で描くモードに自らを追い込まざるを得ない。そういうモードを体験させるための、そして、そのモードに自在に入りこむ訓練が重要だと学生に体得させるための、「数(ノルマ)」だったらしい。

昨今、知識主導、頭でっかちの風潮がはびこっている。インターネットは素晴らしい情報基盤だが、以前なら自分の身体を使って現場に足を運んで、ようやく仕入れることができていた情報が、さっとコンピュータの中で拾うことができる。そのおかげで現代生活がどれほど便利に効率的になったかは、計り知れない。しかし、同時にその陰で、身体を使う労力を惜しまぬこと、自分ごととして体感することへの傾倒や尊重が失われつつあるように思う。

クリエイティブな発想は身体の発露からしか生まれないという仮説が真だとすると、昨今のこの風潮は世の中からクリエイティブであることを奪うことにもなりかねない。身体を駆使してものごとに遭遇し、そこで湧き起こる体感に素直に向き合い、身体の発露として発想するという身体性を取り戻したいものだ。

小説家ほどではないが、職業がら、論文、書評、書物など、執筆の機会は多い。前々から気づいていることだが、僕には「筆が進むカフェ」がいくつか存在する。「あとがき」として何を書けばよいか悶々としていた時、そのカフェに行きさえすれば書けるかもしれない、という誘惑に駆られた。その場に身体をうずめれば僕の身体は活性化し、「書くモード」に入れるかもしれないと。でもそれってかなり打算的だ。やっちゃいけないことなのではないかと敢えてその誘惑を断ち切った。

知識主導で「あとがき」を書こうとしていたのだと気づいたとき、その直感は正しかったと胸をなでおろした。わざわざ自宅から遠いカフェに打算的に足を運ぶなんて、戦略的に書こうとしていることの証だ。やるべきことは、他ならぬ自分が執筆した諸々の内容を思い起こし、執筆時の体感を振り返って、しかと向き合い、もう少しだけ何を書き足したくなるかを、身体に問うてみることだ。それに気づいてからは、そんなモードで書き進むことができている。

既に三つの異なるトピックに触れてきたので、そろそろこの文章を閉じてもよさそうだ。つまるところ、打算や戦略や知識ではクリエイティブなものごとは為し得ないということなのだ。僕自身も陥ったように、私たちはややもすると、それを志向してしまうのだが。

そうだとすると、日々為し得るのは、村上氏が述べるように、「身体を整える」ことしか方法はないのかもしれない。身体を整えるときには知識も頭も戦略も存分に使えばよい。しかし、いざクリエイティブなものごとを為そうとする瞬間には、頭を解放して身体の発露に委ねる。

唐突だが、野球の打撃の練習で「素振り」があるが、それはなんのためにやるのか、みなさんご存知だろうか？　試合では、投手から放たれた球は、色々なコースに色々な球速と球種でやってくる。素振りはそれをシミュレーションすることではない。素振りとは、どんなフォームで振れば身体をどんな体感が貫くのかに向き合うためにある。そして、その体感を基に身体の軸を感じ、自分の身体能力の全てをインパクトの一点に注ぎ込むための身体のあり方を模索するためにある。素振りは、野球選手としての「身体を整える」ことなのだ。

素振り練習では、知識も戦略もそのための言葉も存分に駆使し、いざ本番でバッターボックスに立ったら、体感をしかと捉えながら、身体の発露に任せて打つ！　そうすれば、直球を待っているときに、たとえカーブがやって来ても、身体が前に流れるのを臨機応変にグッと抑え、上手なバットコントロールでクリエイティブに打つことができる。

本番で身体の発露に委ねるためには、日頃の「身体の整え」が必須である。トータルに考えれば、身体の発露に任せることと、頭で考えることは、共に必要である。肝心なのは、各々を駆使するタイミングをしかと見定めることではないか。

最後になりますが、本書の構成や、平易かつ的確なる言い回しについて貴重なアドバイスをいただいた筑摩書房編集部の羽田雅美氏に、大いなる謝意を表したいと思います。

二〇一七年一一月

諏訪　正樹

【参考文献】

［ダマシオ 2010］アントニオ・R・ダマシオ『デカルトの誤り――情動、理性、人間の脳』（田中三彦訳）（ちくま学芸文庫）筑摩書房

［伊達 2016］伊達理英子・諏訪正樹・坂井田瑠衣「相槌のスキル」『第30回人工知能学会全国大会論文集』1M5-OS-14b-5.

［伊達 2017］伊達理英子・坂井田瑠衣・諏訪正樹「臨機応変に繰り出す多様なる相槌～寄り添い、理解を示し、展開させる聴き上手の姿」『信学技報 vol. 116』ヒューマンコミュニケーション基礎研究会 no. 524, HCS2016-91, pp.5-10.

［開 1998］開一夫・鈴木宏昭「表象変化の動的緩和理論：洞察メカニズムの解明に向けて」『認知科学 Vol.5』No.2, pp.69-79.

［廣戸 2007］廣戸聡一『4スタンス理論――正しい身体の動かし方は4つある。』池田書店

［井筒 1991］井筒俊彦『意識と本質』（岩波文庫）岩波書店

［Jansson 1991］Jansson, D. G. and Smith, S. M., "Design fixation", *Design Studies*, Vo.12, No.1, pp.3-11.

［Lawson 1990］Lawson, B., "How Designers Think." *Butterworth Architecture*, Oxford.

［Purcell 1996］Purcell, A.T. and Gero, J. S., "Design and other types of fixation", *Design Studies*, Vo.17, No.4, pp.363-383.

［溝口 2000］溝口理一郎・石田亨編『人工知能』（新世代工学シリーズ）オーム社

［村上 2016］村上春樹『職業としての小説家』（新潮文庫）新潮社

［松尾 2015］松尾豊『人工知能は人間を超えるか――ディープラーニングの先にあるもの』（角川ＥＰＵＢ選書）Ｋ

ADOKAWA

[中村 1992] 中村雄二郎『臨床の知とは何か』（岩波新書）岩波書店

[大塚 2016] 大塚裕子・諏訪正樹「味わい言語化に現れる身体知の学び」『第30回人工知能学会全国大会論文集』3M3-OS-20a-3.

[坂井田 2015] 坂井田瑠衣・諏訪正樹「身体の観察可能性がもたらす協同調理場面の相互行為――「暗黙的協同」の組織化プロセス」『認知科学 Vol.22』No.1, pp.110-125.

[Schön 1983] Schön, D. A., "The Reflective Practitioner" *Basic Books*, New York.

[諏訪 1989] 諏訪正樹・元田浩「初等幾何学の補助線問題におけるフラストレーションに基づく学習」『人工知能学会誌 Vol.4』No.3, pp.308-320.

[Suwa 1997] Suwa, M. and Tversky, B., "What do architects and students perceive in their design sketches? A protocol analysis", *Design Studies*, Vol.18, No.4, pp.385-403.

[Suwa 2000] Suwa, M., Gero, J. S. & Purcell, A. T., "Unexpected discoveries and S-invention of design requirements: important vehicles for a design process", *Design Studies*, Vol.21, pp.539-567.

[Suwa 2003a] Suwa, M. and Tversky, B., "Constructive perception: A meta-cognitive skill for coordinating perception and conception, Proceedings of 25th Annual Conference of the Cognitive Science Society", *Cognitive Science Society*, pp.1140-1144.

[Suwa 2003b] Suwa, M., "Constructive perception: Coordinating perception and conception toward acts of problem-finding in a creative experience", *Japanese Psychological Research*, Vol.45, No.4, pp.221-234.

[諏訪他 2015] 諏訪正樹・堀浩一編著・伊藤毅志・松原仁・阿部明典・大武美保子・松尾豊・藤井晴行・中島秀之『一人称研究のすすめ――知能研究の新しい潮流』近代科学社

［諏訪 2016］諏訪正樹『「こつ」と「スランプ」の研究――身体知の認知科学』（講談社選書メチエ）講談社
［諏訪 2016b］諏訪正樹「「身体」が「ことば」の力を借りたら」『早稲田文学２０１６冬号』（通巻１０２２号）小特集「からだにとって言語とはなにか」pp.158-163.
［高梨 2016］高梨克也『基礎から分かる会話コミュニケーションの分析法』ナカニシヤ出版
［谷 2002］谷徹『これが現象学だ』（講談社現代新書）講談社
［内田 2013］内田義彦『生きること学ぶこと〈新装版〉』藤原書店
［Weisberg 1993］Weisberg, R. W., "Creativity Beyond the Myths of Genius" (2nd Revised Edition), W. H. Freeman & Co.

ちくま新書
1307

身体《からだ》が生《う》み出《だ》すクリエイティブ

二〇一八年二月一〇日 第一刷発行

著者 諏訪正樹（すわ・まさき）

発行者 山野浩一
発行所 株式会社 筑摩書房
東京都台東区蔵前二-五-三 郵便番号一一一-八七五五
振替〇〇一六〇-八-四一二三
装幀者 間村俊一
印刷・製本 三松堂印刷 株式会社

乱丁・落丁本の場合は、左記宛にご送付ください。
送料小社負担でお取り替えいたします。
ご注文・お問い合わせも左記へお願いいたします。
〒三三一-八五〇七 さいたま市北区櫛引町二-六〇四
筑摩書房サービスセンター 電話〇四八-六五一-〇〇五三

ISBN978-4-480-07124-8 C0295

ちくま新書

068 自然保護を問いなおす——環境倫理とネットワーク　鬼頭秀一
「自然との共生」とは何か。欧米の環境思想の系譜をたどりつつ、世界遺産に指定された白神山地のブナ原生林を例に自然保護を鋭く問いなおす新しい環境問題入門。

312 天下無双の建築学入門　藤森照信
柱とは？　天井とは？　屋根とは？　日頃我々が目にする日本建築の歴史は長い。建築史家の観点をも交え、初学者に向け、建物の基本構造から説く気鋭の建築入門。

339 「わかる」とはどういうことか——認識の脳科学　山鳥重
人はどんなときに「あ、わかった」「わけがわからない」などと感じるのか。そのとき脳では何が起こっているのだろう。認識と思考の仕組みを説き明す刺激的な試み。

363 からだを読む　養老孟司
自分のものなのに、人はからだのことを知らない。たまにはからだのことを考えてもいいのではないか。口から始まって肛門まで、知られざる人体内部の詳細を見る。

434 意識とはなにか——〈私〉を生成する脳　茂木健一郎
物質である脳が意識を生みだすのはなぜか？　すべてを感じる存在としての〈私〉とは何ものか？　人類に残された究極の問いに、既存の科学を超えて新境地を展開！

557 「脳」整理法　茂木健一郎
脳の特質は、不確実性に満ちた世界との交渉のなかで得た体験を整理し、新しい知恵を生む働きにある。この科学的知見をベースに上手に生きるための処方箋を示す。

570 人間は脳で食べている　伏木亨
「おいしい」ってどういうこと？　生理学的欲求、脳内物質の状態から、文化的環境や「情報」の効果まで、さまざまな要因を考察し、「おいしさ」の正体に迫る。

ちくま新書

584 日本の花〈カラー新書〉 柳宗民

日本の花はいささか地味ではあるけれど、しみじみとした美しさを漂わせている。健気で可憐な花々は、知れば知るほど面白い。育成のコツも指南する味わい深い観賞記。

739 建築史的モンダイ 藤森照信

建築の歴史を眺めていると、大きな疑問がいくつもわいてくる。建築の始まりとは？　そもそも建築とは何なのか？　建築史の中に横たわる大問題を解き明かす！

795 賢い皮膚 ——思考する最大の〈臓器〉 傳田光洋

外界と人体の境目——皮膚。様々な機能を担っているが、驚くべきは脳に比肩するその精妙で自律的なメカニズムである。薄皮の秘められた世界をとくとご堪能あれ。

879 ヒトの進化　七〇〇万年史 河合信和

画期的な化石の発見が相次ぎ、人類史はいま大幅な書き換えを迫られている。つい一万数千年前まで生きていた謎の小型人類など、最新の発掘成果と学説を解説する。

942 人間とはどういう生物か ——心・脳・意識のふしぎを解く 石川幹人

人間とは何だろうか。古くから問われてきたこの問いに、認知科学、情報科学、生命論、進化論、量子力学などを横断しながらアプローチを試みる知的冒険の書。

950 ざっくりわかる宇宙論 竹内薫

宇宙はどうはじまったのか？　宇宙は将来どうなるのか？　宇宙に果てはあるのか？　過去、今、未来を縦横無尽に行き来し、現代宇宙論をわかりやすく説き尽くす。

954 生物から生命へ ——共進化で読みとく 有田隆也

「生物」＝「生命」なのではない。共進化という考え方、人工生命というアプローチを駆使して、環境とのかかわりから文化の意味までを解き明かす、一味違う生命論。

ちくま新書

958
ヒトは一二〇歳まで生きられる
——寿命の分子生物学
杉本正信
ストレスや放射能、病原体に打ち勝ち長生きする力は誰にでも備わっている。長寿遺伝子や寿命を支える免疫・修復・再生のメカニズムを解明。長生きの秘訣を探る。

966
数学入門
小島寛之
ピタゴラスの定理や連立方程式といった基礎の基礎を出発点に、美しく深遠な現代数学の入り口まで到達する道筋がある！　本物を知りたい人のための最強入門書。

968
植物からの警告
湯浅浩史
いま、世界各地で生態系に大変化が生じている。植物と人間のいとなみの関わりを解説しながら、環境変動の実態を現場から報告する。ふしぎな植物のカラー写真満載。

970
遺伝子の不都合な真実
——すべての能力は遺伝である
安藤寿康
勉強ができるのは生まれつきなのか？　IQ・人格・お金を稼ぐ力まで、「能力」の正体を徹底分析。行動遺伝学の最前線から、遺伝の隠された真実を明かす。

986
科学の限界
池内了
原発事故、地震予知の失敗は科学の限界を露呈した。科学に何が可能で、何をすべきなのか。科学者の倫理を問い直し「人間を大切にする科学」への回帰を提唱する。

1003
京大人気講義　生き抜くための地震学
鎌田浩毅
大災害は待ってくれない。地震と火山噴火のメカニズムを学び、災害予測と減災のスキルを吸収すべき時は、まさに今だ。知的興奮に満ちた地球科学の教室が始まる！

1018
ヒトの心はどう進化したのか
——狩猟採集生活が生んだもの
鈴木光太郎
ヒトはいかにしてヒトになったのか？　道具・言語の使用、文化・社会の形成のきっかけは狩猟採集時代にあった。人間の本質を知るための進化をめぐる冒険の書。

ちくま新書

1095
日本の樹木〈カラー新書〉
舘野正樹
暮らしの傍らでしずかに佇み、文化を支えてきた日本の樹木。生物学から生態学までをふまえ、ヒノキ、ブナ、ケヤキなど代表的な26種について楽しく学ぶ。

1112
駅をデザインする〈カラー新書〉
赤瀬達三
「出口は黄色、入口は緑」。シンプルかつ斬新なスタイルで日本の駅の案内を世界レベルに引き上げた第一人者が、豊富なカラー図版とともにデザイン思想の真髄を伝える。

1133
理系社員のトリセツ
中田亨
文系と理系の間にある深い溝。これを解消しなければ、両者が一緒に働く職場はうまくまわらない。理系の意外な特徴や人材活用法を解説した文系も納得できる一冊。

1137
たたかう植物
——仁義なき生存戦略
稲垣栄洋
じっと動かない植物の世界。しかしそこにあるのは穏やかな癒しなどではない！　昆虫と病原菌と人間の仁義なきバトルに大接近！　多様な生存戦略に迫る。

1156
中学生からの数学「超」入門
——起源をたどれば思考がわかる
永野裕之
算数だけで十分じゃない？　数学嫌いから聞こえてくるそんな疑問に答えるために、中学レベルから「数学的な思考」に刺激を与える読み物と問題を合わせた一冊。

1157
身近な鳥の生活図鑑
三上修
愛らしいスズメ、情熱的な求愛をするハト、人間をも利用する賢いカラス……。町で見かける鳥たちの生活には、発見がたくさん。カラー口絵など図版を多数収録！

1181
日本建築入門
——近代と伝統
五十嵐太郎
「日本的デザイン」とは何か。五輪競技場・国会議事堂・皇居など国家プロジェクトにおいて繰り返されてきた問いを通し、ナショナリズムとモダニズムの相克を読む。

1186
やりなおし高校化学
齋藤勝裕
興味はあるけど、化学は苦手。そんな人は注目！　原子の構造、周期表、溶解度、酸化・還元など必須項目をやさしく総復習し、背景まで理解できる「再」入門書。

1203
宇宙からみた生命史
小林憲正
生命誕生の謎を解き明かす鍵は「宇宙」にある。惑星探索や宇宙観測によって判明した新事実と、従来の化学進化的プロセスをあわせ論じて描く最先端の生命史。

1214
ひらかれる建築
――「民主化」の作法
松村秀一
建築が転換している！　居住のための「箱」から生きるための「場」へ。「箱」は今、人と人をつなぐコミュニティとなる。あるべき建築の姿を描き出す。

1217
図説 科学史入門
橋本毅彦
天体、地質から生物、粒子へ。新たな発見、分類、一般に認知されるまで様々な人間模様を経て、科学は発展したのである。それらを美しい図像に基づいて一望する。

1222
イノベーションはなぜ途絶えたか
――科学立国日本の危機
山口栄一
かつては革新的な商品を生み続けていた日本の科学産業はなぜダメになったのか。シャープの危機や日本政府のベンチャー育成制度の失敗を検証。復活への方策を探る。

1231
科学報道の真相
――ジャーナリズムとマスメディア共同体
瀬川至朗
なぜ科学ジャーナリズムで失敗が起こり、読者の不信感を引き起こすのか？　原発事故・STAP細胞・地球温暖化など歴史的事例から、問題発生の構造を徹底検証。

1243
日本人なら知っておきたい 四季の植物
湯浅浩史
日本には四季がある。それを彩る植物がある。日本人と花とのつき合いは深くて長い。伝統のなかで培われた日本人の豊かな感受性をみつめなおす。カラー写真満載。

ちくま新書

1251
身近な自然の観察図鑑
盛口満

道ばたのタンポポ、公園のテントウムシ、台所の果物……身の回りの「自然」は発見の宝庫！　わかりやすい文章と精細なイラストで、散歩が楽しくなる一冊！

1263
奇妙で美しい 石の世界〈カラー新書〉
山田英春

瑪瑙を中心とした模様の美しい石のカラー写真とともに、石に魅了された人たちの数奇な人生や、歴史上の逸話、旅先の思い出など、国内外の様々な石の物語を語る。

1264
汗はすごい
——体温、ストレス、生体のバランス戦略
菅屋潤壹

もっとも身近な生理現象なのに誤解されている汗。大量の汗では痩身も解熱もしない。でも上手にかけばメリットも多い。温熱生理学の権威が解き明かす汗のすべて。

1297
脳の誕生
——発生・発達・進化の謎を解く
大隅典子

思考や運動を司る脳は、一個の細胞を出発点としてどのように出来上がったのか。30週、20年、10億年の各視点から、その小宇宙が形作られる壮大なメカニズムを追う！

110
「考える」ための小論文
西研
森下育彦

論文を書くことは自分の考えを吟味するところから始まる。大学入試小論文を通して、応用のきく文章作法を学び、考える技術を身につけるための哲学的実用書。

122
論文・レポートのまとめ方
古郡廷治

論文・レポートのまとめ方にはこんなコツがある！　用字、用語、文章構成から図表の使い方まで実例を挙げながら丁寧に秘訣を伝授。初歩から学べる実用的な一冊。

292
ザ・ディベート
——自己責任時代の思考・表現技術
茂木秀昭

「原発は廃止すべし」。自分の意見をうまく言えますか？データ集めから、立論、陳述、相手への反駁まで、学校やビジネスに活きるコミュニケーション技術を伝授。

ちくま新書

839 実践！ 交渉学 ——いかに合意形成を図るか 松浦正浩

問題に関係している人全員のメリットを探求する学問、「交渉学」。身近なところから国際関係まで幅広く使えるその方法論と社会的意義をわかりやすく解説する。

889 大学生からの文章表現 ——無難で退屈な日本語から卒業する 黒田龍之助

読ませる文章を書きたい。だけど、学校では子供じみた作文と決まりきった小論文の書き方しか教えてくれなかった。そんな不満に応えるための新感覚の文章読本！

908 東大入試に学ぶロジカルライティング 吉岡友治

腑に落ちる文章は、どれも論理的だ！ 東大入試を題材に、論理的に書くための「型」と「技」を覚えよう。学生だけでなく、社会人にも使えるワンランク上の文章術。

909 自己啓発の名著30 三輪裕範

先行きの見えぬ不安や絶望的な困難に直面したとき、それでも真っ直ぐに人生を歩むための支えとなる言葉がある。そんな古今東西の名著を厳選したブックガイド！

972 数学による思考のレッスン 栗田哲也

隠された問いを発見し、自前のストーリーを構築する思考の力とは何か。数学五輪メダリストを育てる著者が体験に基づいて問題提起する、数学的「考えるヒント」。

988 キレる女 懲りない男 ——男と女の脳科学 黒川伊保子

脳の回路特性を知れば、男と女はもっとわかり合える。職場では人材活用の参考書となり、恋愛指南本として使え、夫婦の老後の備えともなる究極の男女脳取扱説明書。

989 18分集中法 ——時間の「質」を高める 菅野仁

面倒な仕事から逃げてしまう。期限が近付いているのにやる気が起きない。そんなあなたに効く具体的でシンプルな方法を伝授します。いま変わらなきゃ、いつ変わる。

ちくま新書

993 学問の技法 橋本努

学問の王道から邪道まで、著者自身の苦悩から生み出されたテクニックを満載！　大学生はもちろん社会人も、読めば学問がしたくてしょうがなくなる、誘惑の一冊。

1012 その一言が余計です。——日本語の「正しさ」を問う 山田敏弘

「見た目はいいけど」「まあ、がんばって」何気なく使った言葉で相手を傷つけた経験はありませんか。よりよいコミュニケーションのために、日本語の特徴に迫る一冊。

1088 反論が苦手な人の議論トレーニング 吉岡友治

「空気を読む」というマイナスに語られがちな行為は、実は議論の流れを知るための技でもあった！　ツッコミから反論、仲裁まで、話すための極意を伝授する。

1131 部落解放同盟「糾弾」史——メディアと差別表現 小林健治

悪意をむき出しにした差別事件がくり返され、いっそう激しさを増している。部落解放運動の生命線である糾弾の意義を問い直し、反差別運動再生へ狼煙を上げる。

1154 「聴能力！」——場を読む力を、身につける。 伊東乾

「よく聴く」ことで、相手やその場を理解し、プレゼンや面接で魅力的な話し方ができ、コミュニケーション上手になる。誰もが持つ「聴能力」を効果的に使おう。

1167 大人のためのメディア論講義 石田英敬

情報産業が生みだす欲望に身を任せ、先端技術に自らの意識を預ける——24時間デジタル機器を手放せない現代人に何が起こったのか。２つのメディア革命を検証。

1200 「超」入門！ 論理トレーニング 横山雅彦

「伝えたいことを相手にうまく伝えられない」のはなぜか？　日本語をロジカルに運用し、論理思考をコミュニケーションとして使いこなすためのコツを伝授！